Aline Vauclair

# Beziehungen nur noch ambulant – nicht mehr stationär

## Der gesellschaftliche Wandel zum Egoismus

# Beziehungen nur noch ambulant, nicht mehr stationär

## Der gesellschaftliche Wandel zum Egoismus

Aline Vauclair

Bibliografische Information der Deutschen Nationalbibliothek: Die Deutsche Nationalbibliothek verzeichnet diese Publikation in der Deutschen Nationalbibliografie; detaillierte bibliografische Daten sind im Internet über http://dnb.dnb.de abrufbar.



Verlag: BoD · Books on Demand GmbH, Überseering 33, 22297 Hamburg, bod@bod.de

Druck: Libri Plureos GmbH, Friedensallee 273, 22763 Hamburg

ISBN: 978-3-8192-6667-6

# Inhaltsverzeichnis

Noch vor wenigen Jahrzehnten war das Lebensmodell klar definiert: Man lernte sich kennen, verliebte sich, heiratete, bekam Kinder und blieb zusammen, bis der Tod einen schied. Dieses Muster prägte Generationen und galt als gesellschaftlicher Normalfall. Wer davon abwich, wurde skeptisch beäugt oder gar ausgegrenzt.

Heute ist diese Selbstverständlichkeit Geschichte. In einer Zeit, in der Menschen ihre Partner über Dating-Apps "swipen" wie Waren im Online-Shop, in der Beziehungen bei der ersten größeren Schwierigkeit beendet werden und in der die Frage nach Kindern oft mit einem entschiedenen "Nein" beantwortet wird, müssen wir uns fragen: Was ist aus unserem Verständnis von Bindung und Verantwortung geworden?

Die Metapher des Buchtitels ist bewusst gewählt: Während früher Beziehungen "stationär" gelebt wurden – mit gemeinsamer Wohnung, geteiltem Alltag und langfristiger Verpflichtung –, bevorzugen heute immer mehr Menschen die "ambulante" Variante. Man trifft sich, wenn es passt, man trennt sich, wenn es nicht mehr passt, und man vermeidet alles, was nach dauerhafter Bindung aussehen könnte.

Dieses Buch ist weder eine Verteufelung moderner Lebensformen noch eine nostalgische Verklärung vergangener Zeiten. Es ist der Versuch einer ehrlichen Bestandsaufnahme eines gesellschaftlichen Wandels, der weitreichende Konsequenzen hat – für den Einzelnen, für Familien und für die Gesellschaft als Ganzes.

Die Frage, die sich durch alle Kapitel zieht, lautet: Führt die neue Freiheit in der Gestaltung von Beziehungen zu mehr Glück und Erfüllung, oder zahlen wir dafür einen Preis, der höher ist, als wir zunächst dachten? Und wenn ja: Welchen Weg können wir finden zwischen der Sehnsucht nach Unabhängigkeit und dem menschlichen Grundbedürfnis nach echter Verbindung?

"Mal schauen, wohin uns das führt." Dieser Satz ist zum Leitspruch einer ganzen Generation geworden. Wo früher klare Erwartungen und Verpflichtungen das Fundament von Beziehungen bildeten, herrscht heute oft eine Haltung vor, die man als strategische Unverbindlichkeit bezeichnen könnte. Man hält sich alle Optionen offen, vermeidet Festlegungen und behandelt Partnerschaften wie befristete Verträge, die jederzeit gekündigt werden können.

## Von "bis dass der Tod uns scheidet" zu "solange es gut läuft"

Das traditionelle Eheversprechen "bis dass der Tod uns scheidet" klingt heute für viele Menschen wie ein Relikt aus einer anderen Zeit. Stattdessen dominiert eine Haltung, die Beziehungen als Projekte auf Zeit betrachtet. Solange beide Seiten profitieren, solange die Bedürfnisse erfüllt werden und solange keine größeren Anstrengungen nötig sind, funktioniert das Arrangement. Sobald aber Schwierigkeiten auftreten, Kompromisse gefordert werden oder einer der Partner mehr Engagement verlangt, wird die Reißleine gezogen.

Diese neue Unverbindlichkeit zeigt sich in allen Bereichen des Zusammenlebens. Paare ziehen nicht mehr automatisch zusammen, selbst nach Jahren der Beziehung. Man behält getrennte Wohnungen, getrennte Finanzen und getrennte Lebenspläne. Die Devise lautet: So wenig Verflechtung wie möglich, so viel Autonomie wie nötig.

Was auf den ersten Blick wie eine Befreiung von überholten Zwängen aussieht, entpuppt sich bei näherem Hinsehen als ein System, das vor allem eines gewährleistet: die jederzeitige Fluchtmöglichkeit. Die permanente Verfügbarkeit von Alternativen – sei es durch Dating-Apps oder die gesellschaftliche Akzeptanz häufiger Partnerwechsel – macht es verlockend einfach, bei ersten Problemen den Weg des geringsten Widerstands zu wählen.

## Statistische Momentaufnahme: Singles, Scheidungen, kinderlose Paare

Die Zahlen sprechen eine deutliche Sprache: In Deutschland leben mittlerweile mehr Menschen allein als in traditionellen Familienstrukturen. Single-Haushalte sind zur dominierenden Wohnform geworden, besonders in den Großstädten. Gleichzeitig sinkt die Zahl der Eheschließungen kontinuierlich, während die Scheidungsrate hoch bleibt.

Besonders auffällig ist der Trend bei der Familienplanung. Immer mehr Paare entscheiden sich bewusst gegen Kinder, oft mit dem Argument, dass Nachwuchs die persönliche Freiheit zu stark einschränken würde. Die Geburtenrate liegt deutlich unter dem Niveau, das für eine stabile Bevölkerungsentwicklung nötig wäre.

Diese Entwicklung ist nicht auf Deutschland beschränkt. In den meisten westlichen Industrienationen zeigen sich ähnliche Muster: sinkende Heiratszahlen, steigende Scheidungsraten, weniger Kinder und mehr Menschen, die dauerhaft allein leben. Was einst als Ausnahme galt, wird zur Regel.

## Das Ende der Selbstverständlichkeit von Beziehungen

Der vielleicht fundamentalste Wandel liegt in der veränderten Grundeinstellung zu Partnerschaften. Während Beziehungen früher als natürlicher, wenn auch nicht immer einfacher Teil des Erwachsenwerdens galten, werden sie heute zunehmend als optionales Extra betrachtet. Man kann eine Beziehung haben, muss aber nicht. Man kann heiraten, muss aber nicht. Man kann Kinder bekommen, muss aber nicht.

Diese Wahlfreiheit ist grundsätzlich ein Fortschritt. Niemand sollte zu einem Lebensmodell gezwungen werden, das nicht zu ihm passt. Problematisch wird es aber, wenn aus der Möglichkeit zur Wahl eine grundsätzliche Scheu vor Verbindlichkeit wird. Wenn die Angst vor falschen Entscheidungen so groß wird, dass gar keine Entscheidungen mehr getroffen werden.

Viele Menschen bewegen sich heute in einem Zustand permanenter Ambivalenz. Sie sehnen sich nach Nähe und Geborgenheit, fürchten aber gleichzeitig die Einschränkungen, die eine echte Bindung mit sich bringt. Sie wollen geliebt werden, aber nicht lieben müssen. Sie suchen Sicherheit, aber ohne Garantien zu geben.

Das Ergebnis ist eine Beziehungskultur, die von Unsicherheit und Oberflächlichkeit geprägt ist. Statt sich auf den anstrengenden, aber lohnenden Prozess einzulassen, eine tiefe Verbindung zu einem anderen Menschen aufzubauen, bevorzugen viele die scheinbar einfachere Variante des unverbindlichen Miteinanders.

Diese neue Unverbindlichkeit mag kurzfristig mehr Freiheit versprechen. Langfristig führt sie jedoch oft zu einer paradoxen Situation: Je mehr Optionen zur Verfügung stehen, desto schwieriger wird es, eine davon wirklich zu wählen und bei dieser Wahl zu bleiben. Die Angst, etwas zu verpassen, wird größer als die Bereitschaft, sich auf etwas einzulassen.

So entsteht eine Gesellschaft von Menschen, die zwar formal frei sind in ihren Entscheidungen, sich aber oft einsamer und unverbundener fühlen als je zuvor. Die Frage ist: Ist das der Preis, den wir für unsere neue Freiheit zahlen müssen? Oder gibt es einen Weg, der Autonomie und echte Verbindung miteinander vereint?

**Wenn aus Liebe Alltag wird**

In den ersten Wochen und Monaten einer Beziehung übersehen wir vieles. Die rosarote Brille filtert störende Details heraus, und kleine Macken erscheinen uns charmant oder werden schlicht ignoriert. Doch sobald der Alltag Einzug hält und zwei Menschen beginnen, ihren Lebensraum dauerhaft zu teilen, treten die kleinen Gewohnheiten und Nachlässigkeiten zutage, die das Zusammenleben zur täglichen Herausforderung machen können.

Es sind paradoxerweise nicht die großen Konflikte oder fundamentalen Meinungsverschiedenheiten, die Partnerschaften am meisten belasten. Vielmehr sind es die scheinbar banalen Alltagsmomente, die sich wie kleine Nadelstiche in das Beziehungsgewebe bohren und langfristig mehr Schaden anrichten können als ein einmaliger großer Streit. Diese zehn Verhaltensweisen tauchen in nahezu jeder Partnerschaft auf und tragen maßgeblich dazu bei, dass Menschen zunehmend die Vorteile des Single-Daseins schätzen lernen.

**1. Das leere Klopapier-Mysterium**

An der Spitze der alltäglichen Beziehungsärgernisse steht ein Phänomen, das in praktisch jedem Haushalt auftritt: die leere Klopapierrolle. Der eine Partner verbraucht das letzte Stück, hinterlässt den leeren Karton am Halter und geht seiner Wege, als wäre nichts geschehen. Der andere steht später vor der unangenehmen Überraschung und muss sich in einer nicht gerade komfortablen Situation selbst helfen.

Diese scheinbare Kleinigkeit symbolisiert ein tieferliegendes Problem: die Verweigerung, Verantwortung für gemeinsam genutzte Ressourcen zu übernehmen. Es zeigt eine Haltung, die davon ausgeht, dass der andere schon dafür sorgen wird – eine Form der stillen Ausbeutung der Partnerschaft, die sich in unzähligen weiteren Bereichen fortsetzt.

## 2. Geschirr-Chaos in der Küche

Die Küche wird zum Schlachtfeld, wenn einer der Partner seine benutzten Teller, Tassen und Besteck einfach in die Spüle stellt, anstatt sie zu spülen oder in den Geschirrspüler zu räumen. Das dreckige Geschirr türmt sich auf, verstopft das Becken und macht es für den Partner unmöglich, selbst etwas zu kochen oder zu spülen, ohne erst einmal aufzuräumen.

Besonders frustrierend wird diese Situation, wenn derjenige, der das Geschirr abstellt, offensichtlich davon ausgeht, dass der andere es schon wegräumen wird. Diese stumme Arbeitsteilung funktioniert nur, wenn beide Partner sich daran beteiligen – was selten der Fall ist.

## 3. Die Spur der leeren Verpackungen

Leere Joghurtbecher im Wohnzimmer, ausgetrunkene Wasserflaschen neben dem Bett, leere Chips-Tüten auf dem Sofa – überall dort, wo konsumiert wird, bleiben die Überreste liegen. Der Verursacher steht auf und geht, die leeren Behälter bleiben zurück wie stumme Zeugen der Gedankenlosigkeit.

Diese Verhaltensweise ist besonders ärgerlich, weil sie zeigt, dass der Partner den gemeinsamen Wohnraum nicht als gemeinsame Verantwortung betrachtet, sondern als selbstverständlichen Service, den der andere erbringt.

## 4. Kleidungs-Landschaften im Schlafzimmer

Getragene Kleidung landet auf dem Boden, auf Stühlen, über Türen gehängt oder einfach dort, wo sie ausgezogen wurde. Das Schlafzimmer verwandelt sich in eine textile Landschaft, durch die sich der ordnungsliebende Partner jeden Tag navigieren muss.

Besonders irritierend ist dabei die Tatsache, dass schmutzige und saubere Kleidung oft wild durcheinanderliegen, sodass der Partner nie sicher sein kann, was noch angezogen werden kann und was bereits in die Wäsche gehört.

## 5. Das Handtuch-Dilemma im Badezimmer

Nasse Handtücher auf dem Boden, über der Badewanne drapiert oder zusammengeknüllt auf der Heizung – überall, nur nicht ordentlich aufgehängt zum Trocknen. Das führt nicht nur zu muffigen Gerüchen und Schimmelbildung, sondern auch dazu, dass ständig neue Handtücher gebraucht werden.

Die Verweigerung, ein Handtuch ordentlich aufzuhängen, obwohl Haken und Stangen vorhanden sind, ist ein Paradebeispiel für die kleinen Akte der Rücksichtslosigkeit, die das Zusammenleben vergiften können.

## 6. Haare überall – nur nicht im Abfluss

Lange Haare in der Dusche, Barthaare im Waschbecken, Haare auf der Bettwäsche – überall finden sich die Spuren der täglichen Körperpflege. Besonders ärgerlich wird es, wenn der Duschabfluss verstopft ist und derjenige, der die meisten Haare verliert, nicht die Initiative ergreift, das Problem zu lösen.

Diese Nachlässigkeit bei der Körperhygiene im gemeinsamen Raum zeigt einen Mangel an Respekt vor dem Partner und dem gemeinsamen Lebensraum.

## 7. Lichter und Geräte: An ist das neue Aus

Lichter brennen in Räumen, die niemand nutzt. Der Fernseher läuft, obwohl niemand hinschaut. Ladegeräte stecken permanent in der Steckdose, auch wenn nichts geladen wird. Diese scheinbaren Kleinigkeiten summieren sich nicht nur auf der Stromrechnung, sondern zeigen auch eine grundlegende Gedankenlosigkeit im Umgang mit gemeinsamen Ressourcen.

Der Partner, der ständig hinter dem anderen herläuft und Lichter ausschaltet, fühlt sich wie ein unbezahlter Hausmeister der Beziehung.

## 8. Lebensmittel-Anarchie im Kühlschrank

Angebrochene Packungen stehen offen herum, Reste von Mahlzeiten vergammeln in Tupperdosen, deren Inhalt nicht mehr identifizierbar ist. Milch wird nicht verschlossen zurückgestellt, Käse trocknet aus, und niemand übernimmt die Verantwortung für die Hygiene im Kühlschrank.

Diese Art der Lebensmittelverschwendung ist nicht nur ärgerlich, sondern auch teuer und zeigt eine respektlose Haltung gegenüber dem gemeinsamen Haushaltsbudget.

## 9. Bett-Chaos am Morgen

Das Bett bleibt ungemacht, Kissen liegen kreuz und quer, die Decke ist verknotet am Fußende. Der Partner, der als Letzter aufsteht, hinterlässt ein Schlachtfeld und erwartet stillschweigend, dass der andere das Bett richtet – oder lebt damit, dass es den ganzen Tag ungemacht bleibt.

Ein ungemachtes Bett ist für viele Menschen der Inbegriff eines ungepflegten Zuhauses und kann die Stimmung für den ganzen Tag verderben.

## 10. Digitale Dauerbeschallung

Der Partner scrollt während des Essens durch soziale Medien, schaut Videos ohne Kopfhörer, führt laute Telefonate, während der andere versucht zu entspannen oder zu arbeiten. Die ständige digitale Präsenz verhindert echte Kommunikation und zeigt, dass die Aufmerksamkeit des Partners woanders liegt.

Diese moderne Form der Respektlosigkeit ist besonders frustrierend, weil sie zeigt, dass virtuelle Kontakte wichtiger genommen werden als die physisch anwesende Partnerschaft.

## Die psychologische Dimension der Kleinigkeiten

Diese zehn Verhaltensweisen mögen auf den ersten Blick trivial erscheinen, doch ihre Wirkung ist alles andere als harmlos. Jede einzelne dieser Nachlässigkeiten sendet eine Botschaft: "Deine Zeit ist weniger wert als meine", "Du bist dafür zuständig, hinter mir aufzuräumen", "Meine Bequemlichkeit ist wichtiger als unser gemeinsamer Raum".

Die kumulative Wirkung dieser kleinen Akte der Gedankenlosigkeit kann eine Beziehung nachhaltig schädigen. Sie erzeugen eine Atmosphäre der Ungerechtigkeit und Ausbeutung, in der sich einer der Partner zunehmend als unbezahlte Haushaltshilfe fühlt, während der andere die Vorteile einer Partnerschaft genießt, ohne die entsprechenden Verpflichtungen zu übernehmen.

**Der Weg zur Single-Präferenz**

Diese alltäglichen Ärgernisse tragen maßgeblich dazu bei, dass Menschen zunehmend die Vorzüge des Alleinlebens schätzen lernen. Im eigenen Haushalt herrschen die eigenen Regeln, und niemand hinterlässt Chaos, für das man nicht selbst verantwortlich ist. Die Wohnung bleibt so sauber oder unordentlich, wie man sie selbst hinterlässt – ein Luxus, der in einer Partnerschaft oft verloren geht.

Die Erkenntnis, dass man allein effizienter, stressfreier und zufriedener leben kann, führt viele Menschen dazu, Beziehungen als ambulante Erfahrung zu präferieren. Man besucht sich, genießt die schönen Momente zusammen und kehrt dann in die eigenen vier Wände zurück, wo Ordnung und Sauberkeit den eigenen Standards entsprechen.

In einer Gesellschaft, die individuelle Autonomie und Effizienz hochschätzt, erscheinen diese kleinen alltäglichen Kompromisse und Ärgernisse zunehmend als unnötige Belastung. Die ambulante Beziehung bietet alle emotionalen und körperlichen Vorteile einer Partnerschaft, ohne die Nachteile des gemeinsamen Alltags – eine Lösung, die für viele Menschen attraktiver erscheint als der traditionelle Weg des Zusammenziehens und der dauerhaften Haushaltsgemeinschaft.

Die Art, wie Menschen heute Partner finden und Beziehungen leben, hat sich in den letzten zwei Jahrzehnten revolutionär verändert. Was früher ein organischer, oft zufälliger Prozess war – man lernte sich im Freundeskreis, bei der Arbeit oder im Studium kennen –, ist heute zu einem strategischen Unterfangen geworden, das stark von technologischen Plattformen geprägt wird. Die Liebe ist ambulant geworden: schnell verfügbar, flexibel einsetzbar und jederzeit kündbar.

## Dating-Apps und die Konsumhaltung in Beziehungen

Der Siegeszug der Dating-Apps hat die Partnersuche fundamental verändert. Wo früher Zeit, Geduld und oft auch Mut nötig waren, um jemanden kennenzulernen, genügt heute ein Wisch nach rechts. Diese scheinbare Vereinfachung hat jedoch einen hohen Preis: Die Mechanik des Swipens reduziert potenzielle Partner auf wenige oberflächliche Merkmale und fördert eine Konsumhaltung, die der Komplexität menschlicher Beziehungen nicht gerecht wird.

Das Prinzip ist verführerisch einfach: Aus einem scheinbar unendlichen Pool von Kandidaten kann man sich die vermeintlich Besten heraussuchen. Gefällt das Profil, wird nach rechts gewischt. Passt die erste Nachricht nicht, wird blockiert. Läuft das erste Date nicht perfekt, gibt es morgen den nächsten Kandidaten. Diese Logik des permanenten Upgrade-Potenzials durchdringt zunehmend auch etablierte Beziehungen.

Die psychologischen Auswirkungen dieser neuen Partnersuchkultur sind beträchtlich. Viele Nutzer berichten von einem Gefühl der Beliebigkeit und Austauschbarkeit. Wenn hunderte potenzielle Partner nur einen Klick entfernt sind, sinkt die Bereitschaft, in schwierigen Phasen an einer Beziehung zu arbeiten. Warum Konflikte lösen, wenn der nächste Partner schon wartet?

Besonders problematisch ist die Entstehung einer Art Sammlermentalität. Manche Menschen nutzen Dating-Apps nicht primär, um einen Partner zu finden, sondern um ihre Optionen zu maximieren. Sie führen gleichzeitig mehrere oberflächliche Beziehungen, ohne sich auf eine einzige wirklich einzulassen. Das Gefühl, jederzeit eine bessere Alternative finden zu können, verhindert echte emotionale Investition.

Die Algorithmen der Dating-Plattformen verstärken dieses Problem noch. Sie sind darauf programmiert, die Nutzer möglichst lange auf der Plattform zu halten. Eine erfolgreiche, dauerhafte Beziehung ist schlecht fürs Geschäft. Entsprechend werden die Nutzer mit immer neuen, vermeintlich perfekten Matches gelockt, auch wenn sie bereits in einer funktionierenden Beziehung stehen.


## Polyamorie und offene Beziehungen als neue Normalität?

Parallel zur technologischen Revolution in der Partnersuche hat sich auch das Verständnis davon gewandelt, was eine Beziehung überhaupt sein kann und soll. Polyamorie – die Praxis, mehrere liebevolle Beziehungen gleichzeitig zu führen – und offene Beziehungen sind aus der gesellschaftlichen Nische herausgekommen und werden zunehmend als gleichwertige Alternative zur Monogamie diskutiert.

Die Argumente der Befürworter sind nachvollziehbar: Warum sollte ein einzelner Mensch alle emotionalen und körperlichen Bedürfnisse seines Partners erfüllen müssen? Ist es nicht ehrlicher und realistischer, verschiedene Aspekte der Persönlichkeit mit verschiedenen Menschen zu teilen? Monogamie, so das Argument, sei ein überholtes Konzept, das auf Besitzdenken und irrationaler Eifersucht basiere.

Diese Sichtweise spiegelt den Zeitgeist der Individualisierung wider. Jeder Mensch soll sich frei entfalten können, ohne durch die Bedürfnisse und Grenzen eines Partners eingeschränkt zu werden. Die eigene Selbstverwirklichung steht im Mittelpunkt, und traditionelle Werte wie Treue und Exklusivität werden als Hindernisse auf diesem Weg betrachtet.

In der Praxis zeigt sich jedoch oft, dass polyamore und offene Beziehungen andere Herausforderungen mit sich bringen. Der organisatorische Aufwand ist beträchtlich – mehrere Partner bedeuten mehrere Terminkalender, mehrere emotionale Baustellen und komplexe Abstimmungsprozesse. Eifersucht verschwindet nicht einfach, weil man sie für irrational erklärt. Und die vermeintliche Freiheit kann schnell in Stress und Überforderung umschlagen.

Kritiker wenden ein, dass die Polyamorie-Bewegung letztendlich eine Kapitulation vor der Schwierigkeit echter Intimität darstelle. Statt zu lernen, mit einem Menschen durch alle Höhen und Tiefen zu gehen, weiche man bei ersten Problemen zu anderen Partnern aus. Die Tiefe, die nur durch Jahre gemeinsamer Erfahrungen entstehen könne, werde durch oberflächliche Vielfalt ersetzt.

Unabhängig von der moralischen Bewertung ist festzustellen, dass die zunehmende Akzeptanz alternativer Beziehungsformen das traditionelle Ideal der lebenslangen, monogamen Partnerschaft weiter schwächt. Selbst Menschen, die eigentlich an der Monogamie festhalten möchten, geraten unter Rechtfertigungsdruck. Wer heute Exklusivität fordert, muss sich oft anhören, er sei besitzergreifend oder rückständig.

**Living Apart Together: Getrennte Wohnungen als Ideal**

Ein besonders deutliches Zeichen für die Ambulantisierung der Liebe ist der Trend zu getrennten Wohnungen in etablierten Beziehungen. Was früher als Notlösung für Fernbeziehungen galt, wird heute bewusst als Lebensmodell gewählt. Paare leben "Living Apart Together" – sie sind ein Paar, teilen aber nicht den Alltag.

Die Vorteile dieses Arrangements sind offensichtlich: Jeder behält seine gewohnten Räume, seine Ordnung, seine Routinen. Niemand muss sich über herumstehende Socken ärgern oder darüber streiten, welches Fernsehprogramm geschaut wird. Die romantischen Aspekte der Beziehung bleiben erhalten, während die prosaischen Herausforderungen des Zusammenlebens vermieden werden.

Befürworter argumentieren, dass getrennte Wohnungen die Beziehung frisch halten. Man sehe sich nur, wenn man Lust dazu habe, und vermeide die Routine und Langeweile, die sich bei vielen zusammenlebenden Paaren einstelle. Jeder habe seinen Rückzugsraum und müsse nicht ständig Kompromisse eingehen.

Doch diese scheinbare Perfektion hat ihren Preis. Das Leben in getrennten Wohnungen verhindert oft die Entstehung echter Intimität. Intimität entsteht nicht nur in romantischen Momenten, sondern gerade auch im banalen Alltag. Wenn man sich nur zu den schönen Zeiten sieht, lernt man den Partner nie wirklich kennen. Man verliebt sich in eine Version des anderen, die nur einen kleinen Ausschnitt seiner Persönlichkeit zeigt.

Zudem erschwert die räumliche Trennung die Entwicklung gemeinsamer Zukunftspläne. Wer nicht bereit ist, eine Wohnung zu teilen, ist meist auch nicht bereit für größere Verpflichtungen wie Kinder oder gemeinsame finanzielle Projekte. Das "Living Apart Together" wird so oft zur Sackgasse für Beziehungen, die eigentlich das Potenzial zu mehr hätten.

Besonders problematisch wird es, wenn einer der Partner eigentlich mehr Nähe und Verbindlichkeit wünscht, sich aber mit dem Arrangement abfindet, um die Beziehung nicht zu gefährden. Diese Asymmetrie in den Bedürfnissen führt oft zu latenten Spannungen und Unzufriedenheit.


### Der Partner als austauschbares Produkt

Der beunruhigende Aspekt der modernen Beziehungskultur ist die zunehmende Behandlung von Partnern als austauschbare Produkte. Beziehungen werden nach den Kriterien des Marktes bewertet: Kosten-Nutzen-Verhältnis, Upgrade-Möglichkeiten, Gewährleistung und Umtauschrecht.

Diese Ökonomisierung der Liebe zeigt sich in der Sprache, die heute über Beziehungen verwendet wird. Menschen sprechen von "Dating-Markt", "Partnersuche-Strategien" und "Beziehungs-Investment". Partner werden nach messbaren Kriterien wie Attraktivität, Einkommen und Status bewertet. Emotionale Kompatibilität und charakterliche Eigenschaften treten dagegen in den Hintergrund.

Die Konsumlogik durchdringt alle Aspekte der Partnerschaft. Wie bei einem Produkt wird erwartet, dass der Partner bestimmte Bedürfnisse erfüllt. Tut er das nicht zufriedenstellend, wird reklamiert oder umgetauscht. Die Vorstellung, dass Beziehungen Arbeit erfordern und dass beide Partner sich entwickeln und verändern müssen, wird durch die Erwartung ersetzt, dass ein passender Partner von Anfang an perfekt funktionieren sollte.

Diese Haltung führt zu einer paradoxen Situation: Obwohl es heute mehr Möglichkeiten als je zuvor gibt, potenzielle Partner kennenzulernen, sind viele Menschen unzufriedener mit ihren Beziehungen. Die ständige Verfügbarkeit von Alternativen macht es schwer, mit dem zufrieden zu sein, was man hat. Immer steht die Frage im Raum: Gibt es da draußen nicht jemanden, der besser zu mir passt?

Die sozialen Medien verstärken diese Dynamik noch. Ständig sieht man vermeintlich perfekte Paare, die ihr Glück zur Schau stellen. Der Vergleich mit diesen inszenierten Idealbildern lässt die eigene Beziehung oft blass aussehen. Statt zu erkennen, dass diese Darstellungen meist nur einen kleinen, geschönten Ausschnitt der Realität zeigen, entsteht der Eindruck, alle anderen hätten bessere Beziehungen.

Die Behandlung von Partnern als austauschbare Produkte hat auch Auswirkungen auf das Selbstverständnis. Wer ständig damit rechnen muss, ausgetauscht zu werden, wird sich weniger investieren und weniger verletzlich zeigen. Echte Intimität erfordert aber gerade diese Verletzlichkeit und die Bereitschaft, sich dem anderen vollständig zu öffnen.

So entsteht ein Teufelskreis: Die Angst vor dem Ausgetauschtwerden führt zu oberflächlicheren Beziehungen, was wiederum die Wahrscheinlichkeit erhöht, dass die Beziehung tatsächlich beendet wird. Menschen, die sich emotional schützen, um nicht verletzt zu werden, verhindern gerade dadurch die Entstehung der tiefen Verbindung, die sie sich eigentlich wünschen.

Die Ambulantisierung der Liebe mag kurzfristig mehr Flexibilität und scheinbar mehr Optionen bieten. Langfristig führt sie jedoch oft zu einer Verarmung der emotionalen Erfahrung. Wenn Beziehungen nur noch nach den Kriterien von Effizienz und Nutzenmaximierung bewertet werden, geht das verloren, was sie eigentlich ausmacht: die Bereitschaft, sich auf einen anderen Menschen einzulassen, auch wenn das bedeutet, Risiken einzugehen und Kompromisse zu machen.

Die Frage ist: Können wir einen Weg zurück zu tieferer Verbindlichkeit finden, ohne dabei die positiven Aspekte der neuen Freiheit aufzugeben? Oder haben wir uns bereits so weit von der Idee dauerhafter Bindung entfernt, dass ein Zurück nicht mehr möglich ist?

Nichts symbolisiert den gesellschaftlichen Wandel zu mehr Individualismus so deutlich wie die veränderte Einstellung zum Kinderkriegen. Was für frühere Generationen eine Selbstverständlichkeit war – die Familiengründung als natürlicher nächster Schritt im Leben –, ist heute zu einer bewussten Entscheidung geworden, die immer häufiger negativ ausfällt. Kinder sind vom automatischen Bestandteil einer Partnerschaft zu einer Lifestyle-Option geworden, die viele ablehnen.

## Die Kinderfrage als Lifestyle-Entscheidung

Der fundamentale Wandel liegt bereits in der Fragestellung. Während frühere Generationen sich fragten "Wann bekommen wir Kinder?", lautet die Frage heute "Wollen wir überhaupt Kinder?". Diese Verschiebung von einer zeitlichen zu einer grundsätzlichen Entscheidung spiegelt den gewandelten Status von Kindern in der Gesellschaft wider.

Kinder sind heute nicht mehr die natürliche Folge einer stabilen Partnerschaft, sondern ein Projekt, das geplant, kalkuliert und oft auch wieder verworfen wird. Sie werden wie andere große Lebensentscheidungen auch behandelt: Man wägt Vor- und Nachteile ab, erstellt Kosten-Nutzen-Rechnungen und prüft, ob sie in den aktuellen Lebensplan passen.

Diese Rationalisierung der Familienplanung hat ihre Vorteile. Kinder, die bewusst gewollt sind, kommen meist in stabilere Verhältnisse hinein als solche, die "einfach passiert" sind. Gleichzeitig führt die Behandlung der Kinderfrage als reine Lifestyle-Entscheidung aber auch zu einer problematischen Instrumentalisierung. Kinder werden zu einem Mittel zur Selbstverwirklichung degradiert, das man haben oder lassen kann, je nachdem, ob es den eigenen Vorstellungen entspricht.

Besonders auffällig ist, dass die Kinderfrage heute oft als Einzelentscheidung betrachtet wird, nicht als gemeinsame Aufgabe eines Paares. Viele junge Menschen definieren bereits vor einer festen Partnerschaft, ob sie Kinder wollen oder nicht, und suchen sich entsprechend Partner mit ähnlichen Vorstellungen. Diese Vorab-Festlegung verhindert oft die gemeinsame Entwicklung und das Reifen einer Beziehung, aus der heraus der Kinderwunsch natürlich entstehen könnte.

Die sozialen Medien verstärken diese Tendenz zur bewussten Kinderlosigkeit. Unter Hashtags wie "childfree" oder "DINK" (Double Income, No Kids) organisieren sich Menschen, die stolz auf ihre Entscheidung gegen Kinder sind. Sie tauschen sich über die Vorteile ihres Lebensstils aus und bestärken sich gegenseitig in ihrer Entscheidung. Gleichzeitig werden Eltern oft als unaufgeklärte Menschen dargestellt, die ihr Leben durch eine irrationale Entscheidung ruiniert haben.

Diese Community-Bildung um die Kinderlosigkeit herum zeigt, wie sehr sich die gesellschaftlichen Normen verschoben haben. Während Kinderlosigkeit früher erklärungs- und rechtfertigungsbedürftig war, müssen heute oft die Eltern erklären, warum sie sich für Kinder entschieden haben. Die Beweislast hat sich umgekehrt.


### Finanzielle Argumente vs. Bequemlichkeit

Das am häufigsten vorgebrachte Argument gegen Kinder ist der finanzielle Aufwand. Kinder seien zu teuer, das Geld könne man besser für die eigene Lebensqualität verwenden. Diese Argumentation ist oberflächlich betrachtet nachvollziehbar. Kinder verursachen tatsächlich erhebliche Kosten – von der Grundausstattung über Betreuung und Bildung bis hin zu den indirekten Kosten durch Verdienstausfall.

Bei genauerer Betrachtung erweist sich das finanzielle Argument jedoch oft als Vorwand für tieferliegende Motive. Viele Menschen, die Kinder aus Kostengründen ablehnen, geben gleichzeitig erhebliche Summen für Luxusgüter, teure Hobbys oder häufige Reisen aus. Es geht also nicht um absolute finanzielle Not, sondern um Prioritätensetzung.

Die wahren Gründe für die Ablehnung von Kindern liegen meist in der Bequemlichkeit und der Angst vor Veränderung. Kinder bedeuten Unberechenbarkeit, Einschränkung der Spontaneität und die Notwendigkeit, die eigenen Bedürfnisse hinter die anderer zu stellen. Für Menschen, die

Kontrolle über ihr Leben haben möchten und ihre Freiheit maximieren wollen, sind Kinder ein inakzeptables Risiko.

Das Bequemlichkeitsargument wird selten offen ausgesprochen, weil es sozial weniger akzeptiert ist als das finanzielle. Ehrlicher wäre es zu sagen: "Wir wollen keine Kinder, weil wir unser Leben nicht ändern möchten." Stattdessen wird die Entscheidung mit rationalen Argumenten verbrämt, die bei näherem Hinsehen oft nicht stichhaltig sind.

Interessant ist auch der Umgang mit dem Faktor Zeit. Viele kinderlose Menschen behaupten, sie hätten keine Zeit für Kinder, verbringen aber gleichzeitig Stunden täglich mit sozialen Medien, Streaming-Diensten oder anderen zeitaufwendigen Hobbys. Auch hier zeigt sich, dass es nicht um objektive Knappheit geht, sondern um Prioritäten.

Die Verschiebung der Prioritäten weg von der Familie hin zur Selbstverwirklichung ist ein zentrales Merkmal der modernen Gesellschaft. Kinder werden als Hindernis auf dem Weg zur optimalen Ausschöpfung der eigenen Möglichkeiten betrachtet. Diese Sichtweise übersieht jedoch, dass Kinder auch eine Form der Selbstverwirklichung sein können – allerdings eine, die Verzicht und Opferbereitschaft erfordert.


## DINK (Double Income, No Kids) als Lebensmodell

Das Akronym DINK steht für "Double Income, No Kids" und beschreibt ein Lebensmodell, das in den vergangenen Jahren stark an Popularität gewonnen hat. Paare, die beide arbeiten und bewusst keine Kinder haben, verfügen über ein hohes verfügbares Einkommen und maximale Flexibilität in der Lebensgestaltung.

Die Vorteile dieses Modells sind offensichtlich: DINK-Paare können sich Luxus leisten, den sich Familien nicht gönnen können. Sie reisen häufiger und exklusiver, wohnen in besseren Gegenden, fahren teurere Autos und können ihre Hobbys intensiver verfolgen. Sie sind flexibel bei Karriereentscheidungen und können Chancen ergreifen, die Eltern verwehrt bleiben.

Diese materielle Überlegenheit wird oft als Beweis für die Überlegenheit des kinderlosen Lebensmodells interpretiert. DINK-Paare zeigen gerne ihre Errungenschaften und stellen sie bewusst dem vermeintlich aufopferungsvollen Leben von Eltern gegenüber. Sie inszenieren sich als die rationalen, modernen Menschen, die erkannt haben, dass Glück durch Konsum und Erlebnisse zu erreichen ist, nicht durch Fortpflanzung.

Doch dieser Triumph hat seine Schattenseiten. Das DINK-Lebensmodell ist darauf angelegt, die Gegenwart zu maximieren, ohne dabei die Zukunft zu berücksichtigen. Die Phase des aktiven Berufslebens und der körperlichen Fitness ist begrenzt. Was passiert, wenn die Karriere zu Ende geht, die Gesundheit nachlässt und die Einsamkeit wächst?

Viele DINK-Paare verdrängen diese Fragen, indem sie sich auf die kurzfristigen Vorteile ihres Lebensstils konzentrieren. Sie leben in einer ewigen Gegenwart und klammern die Tatsache aus, dass sie älter werden und irgendwann auf Hilfe und Fürsorge angewiesen sein könnten. Die Vorstellung, im Alter ohne Familie und ohne Nachkommen dazustehen, wird ausgeblendet oder durch naive Hoffnungen auf Freundschaften oder professionelle Pflege ersetzt.

Problematisch ist auch die oft beobachtbare Tendenz zur Selbstgerechtigkeit. Viele DINK-Paare betrachten Eltern mit einer Mischung aus Mitleid und Überheblichkeit. Sie haben das Gefühl, eine bessere Lebensentscheidung getroffen zu haben, und können nicht verstehen, warum andere Menschen sich "so etwas antun". Diese Haltung führt oft zu einer Entfremdung von Freunden und Verwandten, die Kinder haben.

Die Nachhaltigkeit des DINK-Modells ist auch gesellschaftlich fragwürdig. Wenn zu viele Menschen diesen Weg wählen, entstehen demografische Probleme, die die Grundlage des Wohlstands gefährden, von dem DINK-Paare profitieren. Das Rentensystem, das Gesundheitswesen und andere gesellschaftliche Strukturen sind darauf angewiesen, dass genügend junge Menschen nachwachsen. DINK-Paare leben also teilweise auf Kosten derer, die sich für Kinder entschieden haben.


## Die Angst vor Verantwortung und Einschränkung

Hinter der rationalen Argumentation gegen Kinder verbirgt sich oft eine tieferliegende Angst vor Verantwortung und Einschränkung. Kinder bedeuten die ultimative Verpflichtung – sie können nicht wie ein Job gekündigt oder wie eine Beziehung beendet werden. Für mindestens 18 Jahre ist man für ein anderes Lebewesen verantwortlich, und diese Verantwortung hört auch danach nicht vollständig auf.

Diese lebenslange Bindung steht im krassen Gegensatz zu dem Lebensstil, den viele moderne Menschen bevorzugen. Sie wollen flexibel bleiben, Optionen offenhalten und sich nicht festlegen. Kinder sind das Gegenteil von Flexibilität – sie schaffen Fakten, die nicht mehr rückgängig zu machen sind.

Die Angst vor Einschränkung zeigt sich in vielen Bereichen. Eltern können nicht mehr spontan verreisen, nicht mehr bis in die Nacht ausgehen, nicht mehr beliebig ihre Wohnung wechseln oder ihre Karriere radikal verändern. Jede Entscheidung muss unter dem Gesichtspunkt der Kinderbetreuung getroffen werden. Für Menschen, die Autonomie über alles stellen, ist das ein inakzeptabler Zustand.

Dazu kommt die Angst vor dem Scheitern. Elternschaft ist eine Aufgabe, bei der man unweigerlich Fehler macht. Perfektionisten, die gewohnt sind, alle Aspekte ihres Lebens unter Kontrolle zu haben, schrecken vor dieser Unberechenbarkeit zurück. Lieber verzichten sie ganz auf Kinder, als zu riskieren, dass sie als Eltern nicht den eigenen Ansprüchen genügen.

Die moderne Elternschaft ist zudem deutlich anspruchsvoller geworden als früher. Während Kinder früher relativ selbstständig aufwuchsen und wenig bewusste Erziehungsarbeit erforderten, wird heute erwartet, dass Eltern ihre Kinder optimal fördern, ständig für sie da sind und professionelle Standards in der Betreuung erfüllen. Diese Überhöhung der Elternrolle schreckt viele potenzielle Eltern ab.

Die Angst vor Verantwortung spiegelt auch einen grundsätzlichen Wandel in der Lebenseinstellung wider. Frühere Generationen waren es gewohnt, Verantwortung für andere zu übernehmen – sei es für Eltern, Geschwister oder die Gemeinschaft. Heute dominiert eine individualistische Haltung, die die Verantwortung für andere als Belastung empfindet.

Diese Einstellung führt zu einer paradoxen Situation: Menschen, die theoretisch die beste Ausstattung für eine erfolgreiche Elternschaft mitbringen – Bildung, finanzielle Sicherheit, Stabilität –, entscheiden sich gegen Kinder, während oft Menschen in prekären Verhältnissen weiterhin

Nachwuchs bekommen. Die Gesellschaft verliert somit gerade die Kinder derer, die am besten in der Lage wären, sie großzuziehen.

Die Ablehnung von Kindern ist auch eine Ablehnung von Zukunft. Wer keine Kinder hat, investiert nicht in die nächste Generation und nimmt nicht teil an der Kontinuität menschlicher Entwicklung. Diese Kurzsichtigkeit mag individuell rational erscheinen, ist gesellschaftlich aber problematisch.

Die Frage ist: Kann eine Gesellschaft langfristig bestehen, wenn immer mehr ihrer produktivsten und gebildetsten Mitglieder sich gegen Kinder entscheiden? Oder führt die zunehmende Kinderlosigkeit zu einem Teufelskreis, der die Grundlagen des Wohlstands und der Kultur gefährdet, von denen gerade die Kinderlosen profitieren?

Die traditionelle Aufteilung von Hausarbeit und Familienpflichten gehört der Vergangenheit an – zumindest in der Theorie. In der Praxis hat die Abkehr von überkommenen Geschlechterrollen jedoch nicht zu einer gerechteren Verteilung der Aufgaben geführt, sondern oft zu deren kompletter Ablehnung. Statt dass beide Partner Verantwortung für den gemeinsamen Haushalt übernehmen, bevorzugen viele Menschen heute die Lösung, diese Aufgaben zu externalisieren oder ganz zu vermeiden.

**Von der Hausfrau zur Putzkraft**

Der Wandel von der klassischen Hausfrau zur bezahlten Reinigungskraft symbolisiert eine fundamentale Veränderung in der Organisation des Privatlebens. Was früher als natürlicher Teil der Partnerschaft oder Ehe galt – dass einer der Partner den Haushalt führt –, wird heute zunehmend als unbezahlte und unzumutbare Arbeit betrachtet.

Die Entwicklung ist nachvollziehbar: Wenn beide Partner berufstätig sind und zum Familieneinkommen beitragen, ist es nur fair, dass auch die Hausarbeit geteilt wird. Das Problem entsteht, wenn diese theoretische Gleichberechtigung in der Praxis zu endlosen Diskussionen und Konflikten führt. Statt die Aufgaben zu verteilen und gemeinsam zu bewältigen, wählen viele Paare den scheinbar einfacheren Weg: Sie bezahlen jemanden dafür.

Die Auslagerung der Hausarbeit an professionelle Dienstleister mag pragmatisch erscheinen, hat aber weitreichende Konsequenzen. Sie verhindert die Entstehung einer gemeinsamen Verantwortung für den Lebensraum und schafft eine merkwürdige Distanz zum eigenen Zuhause. Wenn man nicht selbst putzt, kocht oder aufräumt, entwickelt man kein Gespür für die Bedürfnisse des Haushalts und keine Wertschätzung für die Arbeit, die nötig ist, um ein komfortables Leben zu führen.

Besonders problematisch wird es, wenn die Externalisierung der Hausarbeit als Statussymbol betrachtet wird. Wer sich eine Putzkraft leisten kann, demonstriert damit seine gesellschaftliche Position und seine Befreiung von niedrigen Tätigkeiten. Diese Haltung verrät eine tiefe Verachtung für hauswirtschaftliche Arbeiten und für die Menschen, die sie ausführen.

Die Ironie liegt darin, dass gerade die Generation, die sich so vehement für Gleichberechtigung einsetzt, diese Gleichberechtigung durch die Schaffung neuer Klassenunterschiede unterläuft. Die Hausarbeit verschwindet nicht – sie wird nur an Menschen delegiert, die meist schlechter bezahlt sind und weniger Wahlmöglichkeiten haben. Die privilegierte Schicht befreit sich von unangenehmen Aufgaben, indem sie diese an die unterprivilegierten Schichten weitergibt.

## Männer, die nicht mehr versorgt werden wollen

Parallel zur Ablehnung traditioneller Frauenrollen durch Frauen ist eine interessante Entwicklung bei Männern zu beobachten: Viele wollen nicht mehr in der klassischen Versorgerrolle leben und lehnen es ab, für eine Partnerin mitzuverantworten. Diese Männer haben erkannt, dass das traditionelle Modell des männlichen Familienoberhauptseinen Preis hat und wollen diesen nicht zahlen.

Diese Haltung ist verständlich. Das klassische Versorgermodell bedeutete für Männer oft einen enormen Druck: Sie mussten ein Einkommen erzielen, das für die ganze Familie reichte, waren für alle größeren Entscheidungen verantwortlich und trugen das finanzielle Risiko. Im Gegenzug erhielten sie zwar Respekt und Autorität, aber auch die Last der Verantwortung für andere Menschen.

Die heutigen Männer haben oft miterlebt, wie ihre Väter unter diesem Druck gelitten haben. Sie sahen, wie Männer ihre eigenen Bedürfnisse zurücksteckten, um ihre Familien zu versorgen, und wie sie dafür am Ende wenig Dankbarkeit erhielten. Diese Erfahrung hat viele geprägt und zu dem Entschluss geführt, diesen Weg nicht zu gehen.

Hinzu kommt die veränderte Rollenerwartung der Frauen. Moderne Frauen wollen finanziell unabhängig sein und ihre eigene Karriere verfolgen. Sie lehnen es ab, von einem Mann abhängig zu sein, wollen aber gleichzeitig oft, dass er trotzdem die traditionellen männlichen Pflichten erfüllt – sei es bei der Reparatur von Geräten, bei finanziellen Entscheidungen oder bei der Übernahme unangenehmer Aufgaben.

Diese widersprüchlichen Erwartungen führen dazu, dass viele Männer die Flucht nach vorn antreten. Sie entscheiden sich bewusst für Partnerinnen, die ebenfalls vollständig für sich selbst sorgen können, oder bleiben gleich ganz allein. Die Vorstellung, teilweise für eine andere Person verantwortlich zu sein, ist für sie inakzeptabel geworden.

Das Problem dabei ist, dass diese Haltung oft in pure Verantwortungslosigkeit umschlägt. Männer, die sich weigern, Versorger zu sein, weigern sich häufig auch, andere Formen der Fürsorge zu übernehmen. Sie wollen weder finanziell noch emotional noch praktisch für ihre Partnerin da sein. Die Beziehung wird zu einem rein egoistischen Arrangement, bei dem jeder nur das nimmt, was er braucht, aber nichts gibt.

### Outsourcing des Alltags: Lieferdienste, Reinigungskräfte, Kinderbetreuung

Die moderne Gesellschaft hat ein ganzes Dienstleistungsimperium aufgebaut, das darauf ausgerichtet ist, Menschen von alltäglichen Verpflichtungen zu befreien. Lieferdienste bringen das Essen, Reinigungskräfte übernehmen die Hausarbeit, professionelle Betreuer kümmern sich um Kinder und Alte. Diese Entwicklung wird oft als Fortschritt und Zeichen des Wohlstands gefeiert.

Doch das Outsourcing des Alltags hat auch eine Kehrseite. Es führt dazu, dass Menschen wichtige Lebenskompetenzen verlieren und sich von grundlegenden menschlichen Erfahrungen entfremden. Wer nie selbst kocht, entwickelt kein Verhältnis zu Nahrung und Ernährung. Wer nie putzt, wird unachtsam mit seinem Lebensraum. Wer die Betreuung von Kindern delegiert, verpasst wichtige Phasen in deren Entwicklung.

Die Digitalisierung hat diese Tendenz noch verstärkt. Mit wenigen Klicks auf dem Smartphone kann man sich heute fast alles ins Haus liefern lassen. Apps erledigen die Terminplanung, automatische Zahlungssysteme übernehmen die Finanzverwaltung, und Algorithmen machen

Vorschläge für alle Lebensbereiche. Die Verlockung ist groß, alle unangenehmen oder zeitaufwendigen Aspekte des Lebens zu automatisieren oder zu delegieren.

Diese Entwicklung verstärkt die gesellschaftliche Spaltung. Während die einen sich alle lästigen Aufgaben vom Hals schaffen können, müssen andere genau diese Aufgaben gegen Bezahlung übernehmen. Es entsteht eine Dienergesellschaft, in der eine privilegierte Schicht von einer weniger privilegierten bedient wird. Die körperliche und emotionale Arbeit verschwindet nicht – sie wird nur umverteilt.

Gleichzeitig führt das Outsourcing zu einer Verarmung der Beziehungen. Viele der Tätigkeiten, die heute externalisiert werden, waren früher Gelegenheiten für Fürsorge und Zusammenarbeit. Gemeinsames Kochen, zusammen Aufräumen oder sich gegenseitig bei alltäglichen Problemen helfen – all das sind Formen der praktischen Liebe, die durch professionelle Dienstleistungen ersetzt werden.

Das Paradoxe daran ist, dass Menschen oft mehr Geld für die Externalisierung ausgeben, als die gesparte Zeit wert ist. Sie bezahlen hohe Preise für Lieferdienste, obwohl sie selbst kochen könnten. Sie engagieren Putzkräfte, obwohl sie die Zeit hätten, selbst zu reinigen. Der wahre Grund ist nicht Zeitnot, sondern die Weigerung, bestimmte Tätigkeiten zu übernehmen, die als unter der eigenen Würde betrachtet werden.

### Die Weigerung, für andere zu sorgen

Ein weiterer beunruhigender Aspekt der modernen Beziehungskultur ist die zunehmende Weigerung, fürsorglich für andere Menschen zu sein. Diese Ablehnung der Fürsorge betrifft nicht nur romantische Beziehungen, sondern alle zwischenmenschlichen Verbindungen – von Freundschaften über Familienbande bis hin zu nachbarschaftlichen Beziehungen.

Fürsorge wird heute oft als Last empfunden, die die persönliche Freiheit einschränkt. Menschen wollen sich nicht verpflichten, für andere da zu sein, wenn diese Hilfe brauchen. Sie fürchten, ausgenutzt oder überfordert zu werden, und ziehen es vor, auf Distanz zu bleiben. Diese Haltung zeigt sich in verschiedenen Lebensbereichen.

In Partnerschaften äußert sich die Fürsorgeverweigung darin, dass Menschen zwar die Vorteile einer Beziehung genießen wollen – Nähe, Geborgenheit, sexuelle Erfüllung –, aber nicht bereit sind, dafür Gegenleistungen zu erbringen. Sie erwarten, dass der Partner für sie da ist, wenn sie ihn brauchen, wollen aber selbst keine entsprechende Verpflichtung eingehen.

Besonders deutlich wird diese Haltung, wenn einer der Partner krank wird, berufliche Probleme hat oder emotional belastet ist. Statt zusammenzustehen und sich gegenseitig zu stützen, sehen viele Menschen solche Situationen als Belastung, die sie nicht tragen wollen. Die Beziehung funktioniert nur, solange beide Partner stark und unabhängig sind.

Die Ablehnung von Fürsorge spiegelt sich auch im Umgang mit der älteren Generation wider. Viele Menschen sind nicht bereit, sich um ihre alternden Eltern zu kümmern, sondern schieben diese Verantwortung an professionelle Einrichtungen ab. Die Pflege der eigenen Eltern wird als unzumutbare Belastung empfunden, die das eigene Leben zu stark einschränken würde.

Diese Haltung hat tieferliegende psychologische Ursachen. Fürsorge erfordert emotionale Reife und die Fähigkeit, die eigenen Bedürfnisse zeitweise zurückzustellen. Sie verlangt Empathie, Geduld und die Bereitschaft, sich verletzlich zu zeigen. All das sind Eigenschaften, die in einer auf Selbstoptimierung und Effizienz fokussierten Gesellschaft wenig geschätzt werden.

Hinzu kommt die Angst vor Abhängigkeit. Wer für andere sorgt, wird selbst abhängig von deren Wohlergehen. Das Leiden des anderen wird zum eigenen Leiden, die Probleme des anderen zu eigenen Problemen. Für Menschen, die Kontrolle über ihr Leben haben möchten, ist das ein inakzeptabler Zustand.

Die Folgen dieser Fürsorgeverweigerung sind weitreichend. Eine Gesellschaft, in der Menschen nicht mehr bereit sind, füreinander zu sorgen, verliert ihren Zusammenhalt. Die sozialen Bindungen werden oberflächlicher, das Vertrauen schwindet, und jeder ist letztendlich auf sich allein gestellt.

Das Paradoxe dabei ist, dass gerade die Menschen, die Fürsorge ablehnen, später selbst auf sie angewiesen sein werden. Wer heute nicht bereit ist, für andere da zu sein, kann nicht erwarten, dass andere für ihn da sind, wenn er Hilfe braucht. Die Verweigerung der Fürsorge sägt an dem Ast, auf dem man selbst sitzt.

Die Externalisierung der Hausarbeit und die Ablehnung von Fürsorgepflichten mögen kurzfristig mehr Freiheit und Komfort bieten. Langfristig führen sie jedoch zu einer Verarmung der menschlichen Erfahrung und zur Zerstörung der sozialen Strukturen, die eine Gesellschaft zusammenhalten. Die Frage ist: Können wir einen Weg finden, der persönliche Autonomie mit sozialer Verantwortung vereint? Oder sind wir auf dem Weg in eine Gesellschaft von Einzelkämpfern, die sich letztendlich selbst zerstört?

Die Tendenz zur Beziehungslosigkeit und zum Leben als Single ist nicht nur ein kultureller Wandel, sondern auch ein bedeutender wirtschaftlicher Faktor. Eine ganze Industrie ist entstanden, die von der Vereinzelung der Menschen profitiert und diese gleichzeitig verstärkt. Der moderne Individualismus ist zu einem lukrativen Geschäftsmodell geworden, das massive wirtschaftliche Interessen hinter dem scheinbar spontanen gesellschaftlichen Wandel erkennen lässt.

## Individualismus als Wirtschaftsfaktor

Die Ökonomie des Egoismus funktioniert nach einem einfachen Prinzip: Einzelne Menschen verbrauchen mehr als Menschen in Gemeinschaften. Ein Single-Haushalt benötigt eine komplette Wohnungsausstattung für eine Person, während ein Paar diese Ausstattung teilt. Zwei getrenntlebende Menschen brauchen zwei Kühlschränke, zwei Waschmaschinen, zwei Staubsauger und zwei Betten – während sie als Paar mit einem Gerät jeder Kategorie auskommen würden.

Dieser fundamentale Zusammenhang macht Singles zu idealen Konsumenten. Sie haben niemanden, mit dem sie Anschaffungen abstimmen müssen, sind spontaner in ihren Kaufentscheidungen und kompensieren emotionale Bedürfnisse häufig durch Konsum. Die Werbeindustrie hat diese Zielgruppe längst entdeckt und bewirbt gezielt Produkte und Dienstleistungen für den Single-Lifestyle.

Die Wirtschaft profitiert aber nicht nur vom höheren Konsum, sondern auch von der größeren Arbeitsbereitschaft vieler Singles. Menschen ohne familiäre Verpflichtungen sind flexibler bei Arbeitszeiten, Überstunden und Standortwechseln. Sie können ihre gesamte Energie in die Karriere stecken und sind bereit, dafür entsprechend zu konsumieren. Der Single-Lifestyle wird so zu einem perfekten Kreislauf aus Arbeiten und Ausgeben.

Besonders deutlich wird die ökonomische Dimension des Individualismus im Bereich der Freizeitgestaltung. Singles gehen häufiger essen, besuchen öfter Veranstaltungen, buchen mehr Reisen und nutzen intensiver kostenpflichtige Unterhaltungsangebote. Sie sind die Hauptzielgruppe der Gastronomie, der Tourismusindustrie und der Unterhaltungsbranche.

Die Digitalisierung hat neue Märkte für die Single-Ökonomie geschaffen. Dating-Apps generieren Milliardenumsätze, Streaming-Dienste sind auf Einzelnutzer zugeschnitten, und Social Media Plattformen monetarisieren die Einsamkeit ihrer Nutzer. Je isolierter Menschen sind, desto mehr Zeit verbringen sie online und desto mehr Geld geben sie für digitale Dienstleistungen aus.

Diese wirtschaftlichen Interessen schaffen Anreize, die gesellschaftliche Entwicklung zur Vereinzelung zu verstärken. Unternehmen haben kein Interesse daran, dass Menschen in stabilen, sparsamen Gemeinschaften leben. Sie profitieren davon, dass jeder Mensch ein eigener Konsument ist, der möglichst viele Bedürfnisse durch Geldausgaben befriedigt.

## Die Single-Industrie: Wer profitiert vom Alleinleben?

Die Single-Industrie ist ein Wirtschaftssektor, der explizit darauf ausgerichtet ist, Menschen beim Alleinleben zu unterstützen und gleichzeitig daran zu verdienen. Diese Industrie umfasst verschiedene Bereiche, die alle von der wachsenden Zahl der Singles profitieren.

Der Wohnungsmarkt ist einer der größten Profiteure der Single-Gesellschaft. Kleine Wohnungen für eine Person sind pro Quadratmeter deutlich teurer als große Wohnungen für Familien. Gleichzeitig benötigen Singles mehr Wohneinheiten insgesamt, was die Nachfrage und damit die Preise in die Höhe treibt. Projektentwickler bauen gezielt Single-Apartments und bewerben diese als moderne Lebensform.

Die Lebensmittelindustrie hat sich ebenfalls auf Singles eingestellt. Fertiggerichte für eine Person, kleine Portionsgrößen und Convenience-Produkte sind speziell für Menschen entwickelt worden, die nicht kochen wollen oder können. Diese Produkte sind pro Portion deutlich teurer als selbst zubereitete Mahlzeiten, aber sie entsprechen dem Bedürfnis vieler Singles nach Bequemlichkeit und Zeitersparnis.

Dating-Plattformen sind ein besonders zynisches Beispiel für die Monetarisierung der Einsamkeit. Diese Unternehmen verdienen nur dann Geld, wenn Menschen Single bleiben oder häufig die Partner wechseln. Erfolgreiche, langfristige Beziehungen sind schlecht fürs Geschäft. Entsprechend sind die Algorithmen darauf programmiert, die Nutzer bei der Stange zu halten, nicht dabei zu helfen, den perfekten Partner zu finden.

Die Gesundheits- und Wellness-Industrie profitiert von den psychischen Problemen, die das Alleinleben oft mit sich bringt. Therapeuten, Coaches und Berater haben eine wachsende Klientel von Menschen, die unter Einsamkeit und Beziehungsproblemen leiden. Gleichzeitig werden Wellness-Produkte und Selbsthilfe-Angebote als Ersatz für zwischenmenschliche Verbindungen vermarktet.

Auch die Haustierindustrie profitiert von der Single-Gesellschaft. Haustiere werden oft als Ersatz für menschliche Beziehungen angeschafft, und die Ausgaben für Tierfutter, Tierarzt und Zubehör sind entsprechend hoch. Singles geben oft mehr für ihre Haustiere aus als Familien, weil diese einen größeren emotionalen Stellenwert haben.

Die Technologieindustrie hat spezielle Produkte für Singles entwickelt. Smart-Home-Systeme, die den einsamen Alltag erleichtern, Apps für alle Lebensbereiche und künstliche Intelligenz als Gesprächspartner – all das sind Lösungen für Probleme, die entstehen, wenn Menschen allein leben.

Diese verschiedenen Industrien verstärken sich gegenseitig und schaffen ein System, das Singles zwar komfortables Leben ermöglicht, sie aber gleichzeitig in ihrer Vereinzelung bestärkt. Je mehr Dienstleistungen verfügbar sind, die das Alleinleben erleichtern, desto weniger Anreiz gibt es, sich auf andere Menschen einzulassen.

### Kosten der Beziehungslosigkeit für die Gesellschaft

Während einzelne Unternehmen von der Single-Gesellschaft profitieren, entstehen für die Gesellschaft als Ganzes erhebliche Kosten. Diese

Kosten sind oft versteckt und werden in der öffentlichen Diskussion wenig beachtet, aber sie sind real und beträchtlich.

Die direkten Gesundheitskosten der Einsamkeit sind erheblich. Studien zeigen, dass einsame Menschen häufiger krank werden, öfter unter Depressionen leiden und eine geringere Lebenserwartung haben. Sie nutzen das Gesundheitssystem intensiver und verursachen höhere Behandlungskosten. Gleichzeitig fehlen ihnen oft die sozialen Netzwerke, die bei der Genesung helfen könnten.

Besonders problematisch sind die langfristigen Pflegekosten. Menschen ohne Familie müssen im Alter häufiger in professionelle Betreuung, was deutlich teurer ist als die Pflege durch Angehörige. Die wachsende Zahl der Singles wird in den kommenden Jahrzehnten zu einer enormen Belastung für die Pflegesysteme führen.

Die Bildungskosten steigen ebenfalls, wenn Kinder nicht mehr in stabilen Familienstrukturen aufwachsen. Scheidungskinder und Kinder alleinerziehender Eltern benötigen häufiger zusätzliche Unterstützung in der Schule und haben öfter psychische Probleme. Die gesellschaftlichen Kosten für Nachhilfe, Therapie und Sozialarbeit sind erheblich.

Auch die Kriminalitätskosten korrelieren mit familiären Strukturen. Junge Menschen ohne stabile Familienbindungen werden häufiger straffällig und benötigen teurere Interventionen durch Polizei, Justiz und Resozialisierungsmaßnahmen. Die Präventionskosten für Jugendarbeit und Sozialarbeit steigen entsprechend.

Die wirtschaftlichen Ineffizienzen der Single-Gesellschaft sind beträchtlich. Ressourcenverschwendung durch Doppelausstattungen, höhere Transport- und Logistikkosten durch kleinere Haushalte und die Notwendigkeit, immer mehr Dienstleistungen extern zu organisieren, die früher innerhalb von Familien erbracht wurden.

Besonders schwer wiegt der Verlust an sozialer Kohäsion. Gesellschaften mit starken familiären Bindungen sind stabiler, haben weniger soziale Konflikte und benötigen weniger staatliche Intervention. Der Rückgang der Familie als gesellschaftlicher Institution führt zu höheren Kosten für Polizei, Justiz und Verwaltung.

## Demografischer Wandel und Rentensystem

Der demografische Wandel ist die vielleicht größte langfristige Herausforderung der Single-Gesellschaft. Wenn immer mehr Menschen kinderlos bleiben und die Geburtenraten weiter sinken, entstehen fundamentale Probleme für die gesellschaftlichen Sicherungssysteme.

Das Rentensystem der meisten westlichen Länder basiert auf dem Umlageverfahren: Die arbeitende Generation finanziert die Renten der bereits pensionierten Generation. Dieses System funktioniert nur, wenn genügend junge Menschen nachwachsen. Wenn aber immer mehr Menschen kinderlos bleiben, bricht diese Grundlage weg.

Die Singles von heute profitieren von einem Rentensystem, das durch die Kinder anderer Menschen finanziert wird, tragen aber selbst nicht zur Reproduktion der Beitragszahler bei. Sie leben also auf Kosten derer, die sich für Kinder entschieden haben und dafür finanzielle und persönliche Opfer gebracht haben.

Diese Asymmetrie wird in den kommenden Jahrzehnten zu enormen Spannungen führen. Familien, die hohe Kosten für Kindererziehung hatten, werden im Alter Menschen mitfinanzieren müssen, die diese Kosten nicht trugen, dafür aber ein höheres Einkommen und mehr Ersparnisse haben konnten.

Der demografische Wandel betrifft nicht nur die Rente, sondern auch die Kranken- und Pflegeversicherung. Weniger junge Menschen müssen die steigenden Gesundheitskosten einer alternden Gesellschaft finanzieren. Gleichzeitig stehen weniger Menschen für die Pflege zur Verfügung, was die Kosten weiter in die Höhe treibt.

Die Arbeitsmärkte werden ebenfalls von der demografischen Entwicklung betroffen. Weniger junge Menschen bedeuten Fachkräftemangel, was zu höheren Löhnen und Inflation führen kann. Gleichzeitig müssen weniger Arbeitnehmer die Sozialsysteme für mehr Rentner finanzieren, was zu höheren Abgaben und damit zu weniger verfügbarem Einkommen führt.

Die politischen Systeme geraten unter Druck, wenn immer mehr ältere Menschen ohne eigene Nachkommen über die Zukunft einer Gesellschaft entscheiden, deren Lasten sie nicht tragen werden. Die Interessen der verschiedenen Generationen driften auseinander, und demokratische Entscheidungsfindung wird schwieriger.

Besonders problematisch ist, dass die Menschen, die am besten in der Lage wären, Kinder großzuziehen – gebildet, finanziell stabil, sozial integriert –, sich oft gegen Nachwuchs entscheiden. Gleichzeitig bekommen Menschen in prekären Verhältnissen weiterhin Kinder, was zu einer ungünstigen Entwicklung der Gesamtqualifikation der Gesellschaft führen kann.

Die ökonomischen Folgen des demografischen Wandels sind bereits sichtbar, werden aber in den kommenden Jahrzehnten dramatisch zunehmen. Die Single-Gesellschaft mag individuell rational erscheinen, kollektiv führt sie jedoch in eine Sackgasse, die nur durch massive gesellschaftliche Umbrüche oder durch Zuwanderung kompensiert werden kann.

Die Frage ist: Kann eine Gesellschaft langfristig bestehen, die auf dem Prinzip des individuellen Nutzens basiert, aber die kollektiven Kosten dieses Prinzips ignoriert? Oder wird die ökonomische Realität früher oder später dazu zwingen, dass Menschen wieder mehr Verantwortung für die Zukunft der Gesellschaft übernehmen?

Der Wandel in der Beziehungskultur ist nicht nur ein zeitgenössisches Phänomen, sondern auch das Ergebnis eines fundamentalen Bruchs zwischen den Generationen. Die Art, wie verschiedene Altersgruppen über Liebe, Partnerschaft und Familie denken, unterscheidet sich so stark, dass man von völlig verschiedenen Welten sprechen kann. Dieser Generationenbruch hat tiefgreifende Auswirkungen auf die gesellschaftliche Entwicklung und macht eine Verständigung zwischen Jung und Alt zunehmend schwieriger.

### Baby Boomer vs. Generation Z: Verschiedene Beziehungskonzepte

Die Unterschiede in den Beziehungsvorstellungen zwischen den Baby Boomern und der Generation Z sind so fundamental, dass sie kaum größer sein könnten. Diese beiden Generationen haben nicht nur verschiedene Erfahrungen gemacht, sondern leben praktisch in verschiedenen Realitäten.

Die Baby Boomer, geboren zwischen 1946 und 1964, wuchsen in einer Zeit auf, in der gesellschaftliche Normen noch weitgehend stabil waren. Trotz der sozialen Revolutionen der 1960er Jahre blieb für die meisten von ihnen das Ideal der lebenslangen Partnerschaft und der Kleinfamilie bestehen. Sie erlebten zwar die Liberalisierung der Gesellschaft mit, behielten aber oft traditionelle Werte bei, wenn es um die eigene Lebensgestaltung ging.

Für diese Generation war es selbstverständlich, dass Beziehungen Arbeit bedeuten und dass man in schwierigen Zeiten zusammenhält. Sie lernten, Kompromisse zu schließen, eigene Bedürfnisse zurückzustellen und langfristig zu denken. Das Konzept der Scheidung existierte zwar, wurde aber oft als Scheitern betrachtet, das man möglichst vermeiden sollte.

Die Generation Z, geboren ab etwa 1997, ist unter völlig anderen Bedingungen aufgewachsen. Sie kennt eine Welt, in der Beziehungen optional sind, in der individuelle Selbstverwirklichung über allem steht und in der jede Form der Bindung hinterfragt wird. Für sie ist es normal, dass Menschen häufig die Partner wechseln, dass Ehen geschieden werden und dass viele Menschen bewusst allein leben.

Diese Generation ist mit dem Internet aufgewachsen und kennt eine scheinbar unbegrenzte Auswahl an potenziellen Partnern. Sie ist es gewohnt, sofortige Befriedigung zu erwarten und bei Unzufriedenheit schnell zu anderen Optionen zu wechseln. Das Konzept der lebenslangen Bindung erscheint ihr oft als überholte Idee aus einer anderen Zeit.

Besonders deutlich werden die Unterschiede bei der Kommunikation über Beziehungen. Während Baby Boomer oft über "ihre Frau" oder "ihren Mann" sprechen und damit eine klare Hierarchie und Zugehörigkeit ausdrücken, verwendet die Generation Z häufig unverbindlichere Begriffe. "Partner" oder sogar "Person, mit der ich zusammen bin" signalisieren eine Distanz und Unverbindlichkeit, die für ältere Generationen schwer verständlich ist.

Die verschiedenen Beziehungskonzepte führen zu unterschiedlichen Erwartungen an Partnerschaften. Baby Boomer erwarten oft, dass Beziehungen durch schwierige Zeiten halten und dass beide Partner bereit sind, an der Beziehung zu arbeiten. Die Generation Z hingegen betrachtet Beziehungen oft als Projekte, die beendet werden können, wenn sie nicht mehr zufriedenstellend sind.

Diese fundamentalen Unterschiede machen eine Verständigung zwischen den Generationen schwierig. Ältere Menschen können oft nicht nachvollziehen, warum junge Leute bei kleinen Problemen gleich die Beziehung beenden. Jüngere Menschen empfinden die Erwartungen der älteren Generation als einengend und rückständig.


**Die Rolle der Eltern: Vom Vorbild zum Abschreckungsbeispiel**

Besonders dramatisch ist der Wandel in der Rolle der Eltern als Vorbilder für Beziehungen. Während frühere Generationen ihre Eltern meist als

Modell für die eigene Partnerschaft betrachteten, werden Eltern heute oft als abschreckendes Beispiel wahrgenommen.

Viele junge Menschen haben miterlebt, wie ihre Eltern sich getrennt oder geschieden haben. Sie sahen die Konflikte, die Verletzungen und die praktischen Probleme, die mit dem Ende einer langjährigen Beziehung verbunden sind. Diese Erfahrungen haben sie geprägt und zu dem Schluss gebracht, dass enge Bindungen gefährlich sind.

Selbst Eltern, die zusammengeblieben sind, werden oft kritisch betrachtet. Junge Menschen sehen die Kompromisse, die ihre Eltern eingegangen sind, die Träume, die sie aufgegeben haben, und die Einschränkungen, die das Familienleben mit sich brachte. Sie fragen sich, ob ihre Eltern wirklich glücklich sind oder ob sie nur aus Pflichtgefühl oder mangelnden Alternativen zusammengeblieben sind.

Die Kritik richtet sich besonders gegen die traditionelle Rollenverteilung, die viele junge Menschen bei ihren Eltern beobachtet haben. Sie sehen, wie Mütter ihre Karriere für die Familie zurückgestellt haben, wie Väter sich in der Ernährerrolle aufgerieben haben, und wollen diese Muster nicht wiederholen.

Diese negative Sicht auf die Elterngeneration führt dazu, dass junge Menschen bewusst andere Wege gehen wollen. Sie interpretieren die Probleme ihrer Eltern als Beweis dafür, dass traditionelle Beziehungsformen nicht funktionieren, anstatt zu erkennen, dass jede Beziehungsform ihre Herausforderungen hat.

Besonders problematisch ist, dass viele junge Menschen nur die Probleme der elterlichen Beziehung sehen, aber nicht die positiven Aspekte. Sie übersehen die Sicherheit, die Geborgenheit und die tiefe Verbundenheit, die aus langjährigen Partnerschaften entstehen können. Sie sehen nur die Konflikte und Kompromisse, aber nicht die Momente der Nähe und des Glücks.

Die Ablehnung der elterlichen Beziehungsmodelle führt oft zu einer Art Trotzreaktion. Junge Menschen entscheiden sich bewusst für das Gegenteil dessen, was ihre Eltern gelebt haben, ohne zu reflektieren, ob dieses Gegenteil wirklich besser ist. Aus der Angst vor den Fehlern der Eltern machen sie andere, möglicherweise schwerwiegendere Fehler.

## Scheidungskinder und ihre Beziehungsängste

Eine besonders wichtige Gruppe in diesem Generationenbruch sind die Scheidungskinder. Menschen, die die Trennung ihrer Eltern miterlebt haben, entwickeln oft spezifische Ängste und Verhaltensweisen in ihren eigenen Beziehungen, die die moderne Beziehungskultur stark prägen.

Scheidungskinder haben häufig ein ambivalentes Verhältnis zu Bindungen. Einerseits sehnen sie sich nach Nähe und Geborgenheit, die sie in ihrer Kindheit vermisst haben. Andererseits haben sie gelernt, dass auch scheinbar stabile Beziehungen zerbrechen können, und entwickeln deshalb eine grundsätzliche Skepsis gegenüber langfristigen Bindungen.

Diese Ambivalenz zeigt sich in verschiedenen Verhaltensmustern. Manche Scheidungskinder werden zu Beziehungsphobikern, die jede tiefere Bindung vermeiden, um nicht verletzt zu werden. Sie gehen oberflächliche Beziehungen ein, beenden diese aber, sobald sie zu ernst werden könnten. Andere werden zu Beziehungsmaximierern, die verzweifelt nach der perfekten Partnerschaft suchen, aber bei jedem Konflikt sofort an das Ende der Beziehung denken.

Viele Scheidungskinder haben nie gelernt, wie Konflikte in Beziehungen konstruktiv gelöst werden können. Sie sahen bei ihren Eltern meist nur die destruktiven Auseinandersetzungen, die zur Trennung führten. Entsprechend interpretieren sie jeden Streit als Vorboten des Beziehungsendes und reagieren mit Flucht oder Aggression.

Die Erfahrung der Elterntrennung führt oft auch zu unrealistischen Erwartungen an Beziehungen. Scheidungskinder wollen oft eine Partnerschaft, die völlig anders ist als die ihrer Eltern – ohne Konflikte, ohne Kompromisse, ohne Probleme. Sie übersehen dabei, dass alle Beziehungen Schwierigkeiten haben und dass die Art des Umgangs mit diesen Schwierigkeiten über Erfolg oder Scheitern entscheidet.

Besonders problematisch ist die Übertragung von Verlustängsten auf neue Beziehungen. Scheidungskinder leben oft in der ständigen Angst, verlassen zu werden, und interpretieren normale Verhaltensweisen des Partners als Anzeichen für eine bevorstehende Trennung. Diese Hypervigilanz kann zu einer sich selbst erfüllenden Prophezeiung werden, wenn der Partner sich durch das misstrauische Verhalten abgedrängt fühlt.

Die gesellschaftlichen Auswirkungen dieser Beziehungsängste sind erheblich. Scheidungskinder stellen mittlerweile einen großen Teil der erwachsenen Bevölkerung dar, und ihre spezifischen Probleme mit Bindungen prägen die gesamte Beziehungskultur. Ihre Ängste und Vermeidungsstrategien werden als normale Verhaltensweisen betrachtet und von anderen übernommen.

## Social Media und unrealistische Erwartungen

Die sozialen Medien haben die Beziehungserwartungen der jungen Generation fundamental verändert und dabei oft unrealistische Standards geschaffen, die echte Partnerschaften kaum erfüllen können. Die ständige Präsentation scheinbar perfekter Beziehungen in sozialen Netzwerken führt zu Vergleichen, die fast zwangsläufig zur Unzufriedenheit mit der eigenen Situation führen.

In sozialen Medien werden Beziehungen meist nur in ihren Glanzpunkten gezeigt. Paare posten Fotos von romantischen Dates, teuren Geschenken und exotischen Reisen. Sie zeigen sich bei besonderen Anlässen, in schönen Kleidern und mit perfektem Make-up. Diese inszenierten Darstellungen erwecken den Eindruck, als wären alle anderen Beziehungen ständig von Romantik und Glück geprägt.

Junge Menschen, die mit diesen Darstellungen aufgewachsen sind, entwickeln oft völlig unrealistische Erwartungen an ihre eigenen Beziehungen. Sie erwarten, dass jeder Tag wie ein romantischer Film ablaufen sollte, dass der Partner ständig überraschende Gesten macht und dass die Beziehung immer aufregend und leidenschaftlich sein sollte.

Die Realität echter Beziehungen kann mit diesen Social Media Standards nicht mithalten. Echte Partnerschaften bestehen größtenteils aus Alltag, aus gemeinsamen Routinen und aus der Bewältigung praktischer Probleme. Die schönen Momente sind die Ausnahme, nicht die Regel. Für Menschen, die unrealistische Erwartungen haben, wirkt diese Normalität wie ein Zeichen dafür, dass etwas mit ihrer Beziehung nicht stimmt.

Social Media verstärkt auch die Konsumhaltung in Beziehungen. Wenn andere Paare ständig teure Geschenke und aufwendige Unternehmungen zeigen, entsteht der Druck, mitzuhalten. Beziehungen werden zu Wettbewerben darüber, wer die spektakuläreren Erlebnisse hat, anstatt dass es um die Qualität der emotionalen Verbindung geht.

Besonders problematisch ist die Verwendung von Social Media als Bewertungsmaßstab für Beziehungen. Junge Menschen vergleichen ihre Partnerschaften mit dem, was sie online sehen, und kommen oft zu dem Schluss, dass sie etwas verpassen. Sie fragen sich, warum ihr Partner nicht so romantisch ist wie die Partner in den sozialen Medien, oder warum ihre Beziehung nicht so aufregend aussieht wie die anderen.

Die ständige Dokumentation des eigenen Beziehungslebens in sozialen Medien verändert auch die Art, wie Partnerschaften gelebt werden. Viele Paare erleben ihre Beziehung nicht mehr direkt, sondern immer mit dem Hintergedanken, wie sie bestimmte Momente präsentieren können. Das spontane Erleben wird durch die Inszenierung für andere ersetzt.

Social Media trägt auch zur Entstehung einer Wegwerfmentalität in Beziehungen bei. Die ständige Präsentation anderer potenzieller Partner und die Suggestion, dass es immer jemand Besseres gibt, machen es schwer, sich auf eine Beziehung einzulassen. Die Angst, etwas zu verpassen, wird zur ständigen Bedrohung für bestehende Partnerschaften.

Die Kommentarfunktionen in sozialen Medien verstärken diese Probleme noch. Beziehungen werden öffentlich kommentiert und bewertet, was zusätzlichen Druck erzeugt. Paare müssen nicht nur sich selbst zufriedenstellen, sondern auch die Erwartungen ihres sozialen Netzwerks erfüllen.

Der Generationenbruch in der Beziehungskultur ist real und tiefgreifend. Die verschiedenen Generationen leben praktisch in verschiedenen Welten, was das Verständnis von Partnerschaft und Familie angeht. Dieser Bruch wird durch die technologischen Entwicklungen und die veränderten gesellschaftlichen Rahmenbedingungen weiter verstärkt.

Die Frage ist: Können die Generationen voneinander lernen, oder ist der Graben bereits zu tief? Können junge Menschen die Weisheit der älteren Generation schätzen lernen, ohne deren Fehler zu wiederholen? Und können ältere Menschen die veränderten Realitäten der jungen Generation verstehen, ohne ihre eigenen Werte aufzugeben?

Der Wandel zur Beziehungslosigkeit ist kein rein deutsches Phänomen, sondern zeigt sich in unterschiedlichen Ausprägungen weltweit. Ein Blick über die Grenzen hinaus offenbart jedoch erhebliche kulturelle Unterschiede im Umgang mit Familie, Partnerschaft und gesellschaftlichen Bindungen. Diese internationalen Perspektiven helfen dabei, die deutsche Entwicklung besser einzuordnen und mögliche alternative Wege zu erkennen.

## Deutschland im Vergleich: Nordeuropa vs. Südeuropa

Deutschland steht im europäischen Vergleich bei der Entwicklung hin zur Single-Gesellschaft im Mittelfeld, aber die Unterschiede zwischen Nord- und Südeuropa sind beträchtlich und lehrreich. Diese Unterschiede zeigen, dass kulturelle Traditionen durchaus noch Einfluss auf moderne Lebensformen haben können.

Die nordeuropäischen Länder, insbesondere die skandinavischen Staaten, sind Deutschland in der Entwicklung zur Individualisierung oft einen Schritt voraus. In Schweden, Norwegen und Dänemark sind alternative Lebensformen schon seit Jahrzehnten gesellschaftlich akzeptiert. Single-Haushalte sind dort noch häufiger als in Deutschland, gleichzeitig gibt es aber auch eine stärkere staatliche Unterstützung für Familien und Alleinerziehende.

Interessant ist, dass diese nordeuropäischen Gesellschaften trotz ihrer Individualisierung oft stabiler erscheinen als andere. Das liegt möglicherweise daran, dass sie frühzeitig gesellschaftliche Strukturen entwickelt haben, die den Wandel abfedern. Der starke Sozialstaat kompensiert teilweise das Wegbrechen traditioneller Familienstrukturen, und die kulturelle Akzeptanz verschiedener Lebensformen reduziert gesellschaftliche Spannungen.

Gleichzeitig zeigen sich in Nordeuropa aber auch die Langzeitfolgen der Individualisierung besonders deutlich. Die Geburtenraten sind dort teilweise noch niedriger als in Deutschland, und Probleme wie Einsamkeit im Alter und der Mangel an informeller Pflege werden zunehmend sichtbar. Die skandinavischen Länder können als Laboratorium dafür betrachtet werden, wie eine vollständig individualisierte Gesellschaft aussieht und welche Probleme dabei entstehen.

Südeuropa präsentiert ein völlig anderes Bild. In Italien, Spanien, Griechenland und Portugal spielen Familie und verwandtschaftliche Bindungen noch immer eine zentrale Rolle im gesellschaftlichen Leben. Junge Menschen leben dort oft deutlich länger bei ihren Eltern, und es ist normal, dass mehrere Generationen eng miteinander verbunden bleiben.

Diese stärkeren Familienbindungen haben sowohl positive als auch negative Aspekte. Einerseits bieten sie emotionale Sicherheit, praktische Unterstützung und soziale Stabilität. Alte Menschen werden häufiger von ihren Familien gepflegt, Kinderbetreuung wird oft von Großeltern übernommen, und wirtschaftliche Schwierigkeiten werden gemeinsam bewältigt. Die sozialen Sicherungssysteme können schlanker sein, weil viele Aufgaben von den Familien übernommen werden.

Andererseits können diese starken Familienbindungen auch einengend wirken und individuelle Entwicklung behindern. Soziale Kontrolle ist stärker, und es ist schwieriger, von traditionellen Lebensmustern abzuweichen. Besonders für Frauen bedeuten starke Familientraditionen oft eine Einschränkung ihrer beruflichen Möglichkeiten.

Bemerkenswert ist jedoch, dass auch in Südeuropa ein Wandel stattfindet. Die jüngeren Generationen orientieren sich zunehmend an nordeuropäischen oder amerikanischen Lebensmodellen. Die Urbanisierung und die wirtschaftliche Integration in die Europäische Union verstärken diesen Trend. Gleichzeitig führen die wirtschaftlichen Schwierigkeiten vieler südeuropäischer Länder dazu, dass junge Menschen auswandern und damit die traditionellen Familienstrukturen zusätzlich schwächen.

Die Unterschiede zwischen Nord- und Südeuropa zeigen, dass kulturelle Faktoren durchaus einen Einfluss auf gesellschaftliche Entwicklungen haben können. Sie machen aber auch deutlich, dass kein Modell perfekt ist. Die nordeuropäische Individualisierung bietet mehr persönliche

Freiheit, führt aber zu sozialer Isolation. Die südeuropäische Familienorientierung bietet mehr soziale Sicherheit, kann aber individuelle Entfaltung behindern.

### Asiatische Familienstrukturen unter Wandel

Der asiatische Raum bietet besonders interessante Vergleichsmomente für die deutsche Entwicklung, weil dort traditionell sehr starke Familienbindungen existierten, die nun aber einem rapiden Wandel unterworfen sind. Länder wie Japan, Südkorea und China durchlaufen derzeit eine beschleunigte Modernisierung, die zu dramatischen Veränderungen in den Familienstrukturen führt.

Japan ist das vielleicht extremste Beispiel für die Konsequenzen der Individualisierung. Das Land hat eine der niedrigsten Geburtenraten weltweit und eine rapide alternde Gesellschaft. Gleichzeitig entstehen dort völlig neue Phänomene wie die "Hikikomori" – junge Menschen, die sich vollständig aus der Gesellschaft zurückziehen und jahrelang als Einsiedler leben. Auch das Phänomen der "Herbivore Men" – Männer, die kein Interesse an romantischen Beziehungen haben – zeigt extreme Formen der Beziehungslosigkeit.

Besonders interessant ist, dass diese Entwicklungen in Japan trotz oder gerade wegen der traditionell sehr starken sozialen Normen entstanden sind. Der extreme Leistungsdruck, die rigiden gesellschaftlichen Erwartungen und die Schwierigkeit, individuelle Bedürfnisse zu artikulieren, führen bei vielen Menschen zum kompletten Rückzug. Es entsteht eine paradoxe Situation: Eine Gesellschaft, die eigentlich auf Gemeinschaft und Harmonie ausgerichtet ist, produziert immer mehr isolierte Individuen.

Südkorea zeigt ähnliche Entwicklungen, aber in noch beschleunigter Form. Die schnelle wirtschaftliche Entwicklung des Landes hat innerhalb weniger Jahrzehnte zu einem kompletten Umbruch der Gesellschaftsstrukturen geführt. Traditionen, die über Jahrhunderte stabil waren, sind innerhalb einer Generation verschwunden. Die Folge sind massive gesellschaftliche Spannungen und eine der höchsten Selbstmordraten weltweit.

China präsentiert einen anderen, aber nicht weniger dramatischen Wandel. Die Ein-Kind-Politik der vergangenen Jahrzehnte hat zu fundamental veränderten Familienstrukturen geführt. Eine ganze Generation ist ohne Geschwister aufgewachsen, was traditionelle chinesische Familienkonzepte völlig verändert hat. Gleichzeitig führt die rasante Urbanisierung dazu, dass Millionen von Menschen ihre Herkunftsorte verlassen und traditionelle Bindungen auflösen.

Der Wandel in Asien ist deshalb so lehrreich, weil er zeigt, wie schnell scheinbar stabile kulturelle Strukturen zusammenbrechen können. Familientraditionen, die über Jahrtausende bestanden, können innerhalb weniger Generationen verschwinden, wenn sich die äußeren Bedingungen ändern. Gleichzeitig zeigt der asiatische Wandel auch die extremen gesellschaftlichen Kosten auf, die entstehen können, wenn dieser Umbruch zu schnell und zu radikal verläuft.

Die asiatischen Erfahrungen machen deutlich, dass starke Traditionen allein nicht vor gesellschaftlicher Fragmentierung schützen. Wenn die wirtschaftlichen und sozialen Rahmenbedingungen sich ändern, können auch die stärksten kulturellen Bindungen zerbrechen. Gleichzeitig zeigen sie aber auch, welche extremen Formen die Beziehungslosigkeit annehmen kann, wenn keine alternativen sozialen Strukturen entwickelt werden.


## Religion und Tradition als schwindende Bindekräfte

Religion und Tradition waren über Jahrtausende die wichtigsten Faktoren für stabile Familienstrukturen und gesellschaftliche Bindungen. Sie gaben den Menschen nicht nur spirituelle Orientierung, sondern auch klare Regeln für das Zusammenleben und starke Anreize für langfristige Bindungen. Der Rückgang religiöser Bindung in den westlichen Gesellschaften ist deshalb ein zentraler Faktor für den Wandel in der Beziehungskultur.

In traditionell religiösen Gesellschaften ist die Ehe nicht nur eine private Vereinbarung zwischen zwei Menschen, sondern ein heiliger Bund, der vor Gott und der Gemeinschaft geschlossen wird. Diese sakrale

Dimension macht Ehescheidungen nicht nur praktisch schwieriger, sondern auch emotional und sozial kostenaufwendiger. Die religiöse Gemeinschaft fungiert als zusätzliche Stütze für Beziehungen in schwierigen Zeiten.

Religiöse Traditionen bieten auch klare Leitlinien für das Familienleben. Sie definieren Rollen und Verantwortlichkeiten, geben Orientierung bei schwierigen Entscheidungen und schaffen ein Gefühl der Sinnhaftigkeit, das über das eigene Leben hinausreicht. Kinder zu haben, wird nicht nur als persönliche Entscheidung betrachtet, sondern als religiöse Pflicht oder Segen.

Der Rückgang der Religiosität in Europa hat diese stabilisierenden Faktoren weitgehend beseitigt. Beziehungen werden heute rein als private Angelegenheiten betrachtet, ohne transzendente Dimension oder gemeinschaftliche Verankerung. Das mag mehr individuelle Freiheit bedeuten, beseitigt aber auch wichtige Ressourcen für die Bewältigung von Beziehungsproblemen.

Besonders deutlich wird der Unterschied in der Kinderfrage. In religiösen Traditionen gelten Kinder oft als Geschenk Gottes oder als Möglichkeit, an der Schöpfung teilzuhaben. Diese spirituelle Dimension kann viele der praktischen Schwierigkeiten der Elternschaft relativieren. In säkularen Gesellschaften hingegen werden Kinder rein nach rationalen Kriterien bewertet, was häufig zu ihrer Ablehnung führt.

Der Vergleich mit Gesellschaften, in denen Religion noch eine stärkere Rolle spielt, ist aufschlussreich. In den USA beispielsweise sind religiöse Gemeinschaften oft Inseln der Stabilität in einer ansonsten individualisierten Gesellschaft. Menschen mit starken religiösen Bindungen heiraten häufiger, lassen sich seltener scheiden und bekommen mehr Kinder.

Ähnliche Muster zeigen sich bei anderen religiösen Gruppen in Europa. Muslimische, jüdische oder streng christliche Gemeinschaften weisen oft stabilere Familienstrukturen auf als die säkulare Mehrheitsgesellschaft. Das liegt nicht nur an den religiösen Vorschriften, sondern auch an der sozialen Kontrolle und Unterstützung, die diese Gemeinschaften bieten.

Allerdings zeigt sich auch bei religiösen Gemeinschaften ein Wandel. Jüngere Generationen interpretieren religiöse Vorschriften oft liberaler und passen sie an moderne Lebensrealitäten an. Der gesellschaftliche Druck zur Individualisierung macht auch vor religiösen Grenzen nicht halt.

Die Säkularisierung hat jedoch nicht nur die Religion schwächer gemacht, sondern auch andere traditionelle Bindekräfte. Nationale Identität, regionale Verbundenheit, Klassenzugehörigkeit und andere Formen kollektiver Identität haben an Bedeutung verloren. Menschen definieren sich heute weniger über ihre Zugehörigkeit zu Gruppen und mehr über ihre individuellen Eigenschaften und Vorlieben.

Dieser Verlust traditioneller Bindekräfte hinterlässt ein Vakuum, das oft nicht angemessen gefüllt wird. Moderne Ersatzreligionen wie Konsumismus, Wellness-Kultur oder politische Ideologien bieten meist nicht die gleiche Stabilität und Orientierung wie traditionelle Religionen. Sie sind oft zu oberflächlich oder zu kurzlebig, um dauerhafte Bindungen zu schaffen.

### Migration und veränderte Familienbilder

Migration ist ein weiterer wichtiger Faktor, der die Familienstrukturen verändert und zu neuen Formen der Beziehungslosigkeit beiträgt. Menschen, die ihre Herkunftsländer verlassen, lösen sich oft von traditionellen Familienstrukturen und müssen neue Formen des Zusammenlebens entwickeln.

Migranten befinden sich häufig in einer paradoxen Situation: Sie kommen oft aus Kulturen mit starken Familienbindungen, leben aber in Gesellschaften, die Individualismus fördern. Gleichzeitig sind sie durch die räumliche Distanz von ihren erweiterten Familien getrennt und müssen ohne das traditionelle Unterstützungsnetzwerk auskommen.

Die erste Generation von Migranten hält oft noch stark an traditionellen Familienmodellen fest. Sie heiratet früh, bekommt Kinder und versucht, die Kultur ihrer Herkunftsländer zu bewahren. Die zweiten und dritten Generationen sind jedoch einem enormen kulturellen Spannungsfeld ausgesetzt. Sie wachsen zwischen zwei Welten auf und müssen eigene Wege finden, die verschiedene kulturelle Einflüsse miteinander vereinbaren.

Dieser kulturelle Konflikt führt oft zu einer beschleunigten Individualisierung. Junge Menschen mit Migrationshintergrund lehnen häufig die traditionellen Familienmodelle ihrer Eltern ab, übernehmen aber auch nicht vollständig die Muster der Aufnahmegesellschaft. Sie entwickeln hybride Lebensformen, die Elemente verschiedener Kulturen miteinander verbinden.

Die Auswirkungen der Migration auf die Familienstrukturen sind komplex und widersprüchlich. Einerseits bringen Migranten oft stabilere Familienmodelle mit und können dadurch die Geburtenraten stabilisieren. Andererseits führt die Migration oft zur Auflösung traditioneller Strukturen und zur Entstehung neuer Formen der Beziehungslosigkeit.

Besonders problematisch wird es, wenn Migrationserfahrungen mit anderen gesellschaftlichen Problemen zusammentreffen. Arbeitslosigkeit, Diskriminierung und soziale Ausgrenzung können die ohnehin schon belasteten Familienstrukturen zusätzlich schwächen. In manchen Migrantengemeinschaften entstehen dadurch extreme Formen der gesellschaftlichen Fragmentierung.

Die Integration verschiedener Familienmodelle in eine pluralistische Gesellschaft stellt eine große Herausforderung dar. Die Aufnahmegesellschaft muss lernen, mit kultureller Vielfalt umzugehen, ohne dabei ihre eigenen Werte aufzugeben. Gleichzeitig müssen Migranten Wege finden, ihre kulturellen Traditionen zu bewahren, ohne sich von der Aufnahmegesellschaft zu isolieren.

Migration verdeutlicht auch die Relativität kultureller Normen. Was in einer Kultur als normal gilt, kann in einer anderen als problematisch betrachtet werden. Diese Erkenntnis kann sowohl zu mehr Toleranz als auch zu größerer Unsicherheit über die "richtigen" Lebensformen führen.

Die globale Vernetzung verstärkt diese Effekte noch. Durch das Internet und die sozialen Medien sind Menschen ständig verschiedenen kulturellen Modellen ausgesetzt. Die Vielfalt der Möglichkeiten kann befreiend wirken, aber auch zu Orientierungslosigkeit führen.

Die internationalen und kulturellen Perspektiven zeigen, dass der Wandel in der Beziehungskultur ein globales Phänomen ist, das aber in verschiedenen Kulturen unterschiedliche Formen annimmt. Sie machen deutlich, dass es nicht einen einzigen "richtigen" Weg gibt, sondern dass verschiedene Gesellschaften verschiedene Lösungen für die Herausforderungen der Moderne finden müssen.

Gleichzeitig wird klar, dass manche Probleme universell sind. Ob in Japan oder Deutschland, in Skandinavien oder Italien – überall wo sich die wirtschaftlichen und sozialen Rahmenbedingungen ändern, geraten traditionelle Familienstrukturen unter Druck. Die Frage ist: Welche Gesellschaften werden erfolgreich neue, stabile Formen des Zusammenlebens entwickeln, und welche werden in der Fragmentierung und Vereinzelung enden?

Hinter dem gesellschaftlichen Wandel zur Beziehungslosigkeit stehen tiefgreifende psychologische Veränderungen, die sowohl Ursache als auch Folge der neuen Lebensmuster sind. Die moderne Gesellschaft produziert Persönlichkeitsstrukturen, die für dauerhafte Bindungen schlecht geeignet sind, und diese Persönlichkeitsstrukturen verstärken wiederum die Tendenz zur Vereinzelung. Es entsteht ein Teufelskreis, der immer schwerer zu durchbrechen ist.

**Narzissmus als Zeitgeist-Phänomen**

Eine der auffälligsten psychologischen Entwicklungen der letzten Jahrzehnte ist die Zunahme narzisstischer Persönlichkeitszüge in der Bevölkerung. Narzissmus, einst als seltene Persönlichkeitsstörung betrachtet, ist zu einem weit verbreiteten Phänomen geworden, das die moderne Beziehungskultur entscheidend prägt.

Der moderne Narzissmus unterscheidet sich von der klassischen klinischen Definition. Es geht nicht um grandiose Selbstüberschätzung im Sinne einer Störung, sondern um eine grundsätzliche Haltung, die das eigene Ich in den Mittelpunkt aller Überlegungen stellt. Menschen mit narzisstischen Zügen betrachten sich selbst als das wichtigste Projekt ihres Lebens und ordnen alle anderen Beziehungen diesem Projekt unter.

Diese Entwicklung ist kein Zufall, sondern das Ergebnis gesellschaftlicher Strukturen, die narzisstische Eigenschaften fördern und belohnen. Die Leistungsgesellschaft verlangt von Menschen, sich ständig zu optimieren, zu vermarkten und gegen andere durchzusetzen. Soziale Medien verstärken diese Tendenz noch, indem sie eine Plattform für permanente Selbstdarstellung bieten.

In Beziehungen zeigt sich der moderne Narzissmus als Unfähigkeit, echte Empathie zu entwickeln. Narzisstische Menschen können zwar oberflächlich charmant und aufmerksam sein, aber ihre Zuwendung ist meist strategisch motiviert. Sie interessieren sich für andere nur insoweit, als diese ihren eigenen Bedürfnissen dienen.

Besonders problematisch wird es, wenn beide Partner in einer Beziehung narzisstische Züge haben. Dann entsteht ein Wettbewerb um Aufmerksamkeit und Bewunderung, bei dem jeder versucht, mehr zu bekommen als zu geben. Solche Beziehungen sind oberflächlich und instabil, weil sie nicht auf echter Verbundenheit basieren, sondern auf gegenseitiger Nutzenmaximierung.

Der gesellschaftliche Narzissmus zeigt sich auch in der veränderten Einstellung zu Kindern. Für narzisstische Menschen sind Kinder oft nur interessant, wenn sie als Erweiterung des eigenen Ichs funktionieren. Sie sollen die eigenen unrealisierten Träume erfüllen, die eigene Überlegenheit beweisen oder zumindest das eigene Image verbessern. Kinder als eigenständige Persönlichkeiten mit eigenen Bedürfnissen zu akzeptieren, fällt narzisstischen Eltern schwer.

Die Kultur der Selbstoptimierung verstärkt narzisstische Tendenzen zusätzlich. Menschen investieren enorme Zeit und Energie in ihr Aussehen, ihre Karriere und ihre Selbstdarstellung, haben aber wenig Aufmerksamkeit für die Bedürfnisse anderer übrig. Das Leben wird zu einem permanenten Casting, bei dem man sich selbst als Hauptdarsteller inszeniert.

Beziehungen werden in dieser narzisstischen Logik zu Accessoires der Selbstdarstellung. Der Partner soll gut aussehen, einen hohen Status haben und das eigene Image verbessern. Ob man mit ihm glücklich ist oder ob eine tiefe emotionale Verbindung existiert, ist sekundär. Wenn der Partner nicht mehr zur gewünschten Selbstdarstellung passt, wird er ausgetauscht.

Die sozialen Medien haben eine neue Form des Narzissmus geschaffen: den "grandiosen Alltag". Menschen inszenieren ihr normales Leben als außergewöhnlich und erwarten dafür Bewunderung. Jede Mahlzeit wird fotografiert, jeder Urlaub dokumentiert und jede Beziehung zur Show gestellt. Das echte Leben wird durch die Inszenierung für andere ersetzt.

## Bindungsangst und Commitment-Phobie

Parallel zum wachsenden Narzissmus hat sich eine Epidemie der Bindungsangst entwickelt. Menschen, die theoretisch alles haben, was für eine stabile Beziehung nötig wäre – Bildung, Einkommen, soziale Kompetenz –, sind dennoch unfähig, sich auf dauerhafte Bindungen einzulassen. Diese Bindungsangst wird oft als Commitment-Phobie bezeichnet und ist zu einem Massenphänomen geworden.

Die Wurzeln der Bindungsangst liegen oft in der Kindheit. Menschen, die unsichere Bindungen zu ihren Eltern hatten, entwickeln häufig die Überzeugung, dass emotionale Nähe gefährlich ist. Sie lernen, dass Menschen, die sie lieben, sie auch verletzen können, und entwickeln Strategien, um sich zu schützen. Diese Strategien, die in der Kindheit sinnvoll waren, werden später zu Hindernissen für erwachsene Beziehungen.

Die moderne Gesellschaft verstärkt diese Bindungsängste zusätzlich. Die Betonung von Unabhängigkeit und Selbstverwirklichung macht es schwer zu akzeptieren, dass dauerhafte Beziehungen immer auch Abhängigkeiten und Einschränkungen bedeuten. Menschen, die gewohnt sind, vollständige Kontrolle über ihr Leben zu haben, empfinden die Unberechenbarkeit von Beziehungen als bedrohlich.

Bindungsängstliche Menschen entwickeln verschiedene Vermeidungsstrategien. Manche bleiben prinzipiell Single und vermeiden jede tiefere emotionale Verbindung. Andere gehen oberflächliche Beziehungen ein, beenden diese aber, sobald der Partner mehr Nähe oder Verbindlichkeit fordert. Wieder andere führen Beziehungen, halten aber emotional Distanz und vermeiden es, sich wirklich zu öffnen.

Die Digitalisierung hat neue Formen der Bindungsvermeidung geschaffen. Dating-Apps ermöglichen es, ständig neue Kontakte zu knüpfen, ohne sich auf einen festlegen zu müssen. Die permanente Verfügbarkeit von Alternativen macht es leicht, bei ersten Schwierigkeiten auszuweichen, anstatt Probleme zu lösen.

Besonders perfide ist die moderne Form der Bindungsangst, die sich als Beziehungsrationalität tarnt. Menschen, die Angst vor Bindung haben, argumentieren oft mit vernünftigen Gründen: Sie seien noch nicht bereit, hätten andere Prioritäten oder wollten erst ihre Karriere aufbauen. Diese rationalen Argumente verdecken die emotionalen Ängste und machen es schwer, das Problem zu erkennen und anzugehen.

Die Commitment-Phobie zeigt sich auch in der Unfähigkeit, wichtige Lebensentscheidungen zu treffen. Menschen schieben die Entscheidung für eine gemeinsame Wohnung, für Heirat oder für Kinder immer weiter hinaus, weil sie sich nicht festlegen wollen. Sie leben in einem permanenten "Vielleicht", das keine Planungssicherheit bietet und die Beziehung in der Schwebe hält.

Bindungsängstliche Menschen leiden oft selbst unter ihrer Unfähigkeit zur Bindung. Sie sehnen sich nach Nähe und Geborgenheit, aber ihre Ängste sind stärker als ihre Sehnsüchte. Sie sabotieren ihre eigenen Beziehungen und wundern sich dann, warum sie immer wieder allein enden.

## Depression und Isolation trotz ständiger Vernetzung

Paradoxerweise leiden immer mehr Menschen unter Einsamkeit und Depression, obwohl sie technisch gesehen vernetzter sind als je zuvor. Die digitale Vernetzung ersetzt nicht die emotionale Verbindung, und oberflächliche Kontakte können sogar das Gefühl der Isolation verstärken.

Die moderne Form der Einsamkeit ist besonders heimtückisch, weil sie oft nicht erkannt wird. Menschen, die ständig online sind, viele Social Media Kontakte haben und regelmäßig mit anderen kommunizieren, können sich trotzdem tief einsam fühlen. Es entsteht eine Diskrepanz zwischen der quantitativen Vernetzung und der qualitativen Verbindung.

Social Media verstärken die Einsamkeit oft noch, anstatt sie zu lindern. Die permanente Konfrontation mit den inszenierten Glücksmomenten anderer lässt das eigene Leben oft grau und langweilig erscheinen. Menschen vergleichen ihr echtes Leben mit den Höhepunkten anderer und fühlen sich dadurch noch isolierter.

Die digitale Kommunikation ist oft oberflächlich und unverbindlich. Man kann jederzeit abbrechen, blockieren oder ignorieren. Diese jederzeitige Ausstiegsmöglichkeit verhindert die Entstehung echter Verbindungen. Echte Nähe entsteht erst, wenn man sich auch in schwierigen Momenten aufeinander verlassen kann.

Die neue Einsamkeit hat spezifische Merkmale, die sie von der traditionellen Einsamkeit unterscheiden. Sie ist oft mit Scham verbunden, weil die Betroffenen das Gefühl haben, etwas falsch zu machen. In einer Zeit, in der ständig neue Kontakte möglich sind, wirkt Einsamkeit wie ein persönliches Versagen.

Viele Menschen entwickeln eine Art emotionale Taubheit als Schutz vor der Einsamkeit. Sie betäuben ihre Gefühle durch Arbeit, Konsum oder Ablenkung und verlieren dabei die Fähigkeit, echte emotionale Verbindungen einzugehen. Diese emotionale Abstumpfung macht wiederum Beziehungen schwieriger und verstärkt die Einsamkeit.

Die Isolation hat auch körperliche Auswirkungen. Chronische Einsamkeit schwächt das Immunsystem, erhöht das Risiko für Herz-Kreislauf-Erkrankungen und verkürzt die Lebenserwartung. Die gesellschaftlichen Kosten der neuen Einsamkeit sind beträchtlich und werden oft unterschätzt.

Besonders problematisch ist die Einsamkeit im Alter. Menschen, die ihr Leben lang oberflächliche Beziehungen geführt haben, stehen im Alter oft völlig allein da. Sie haben keine tiefen Freundschaften entwickelt, keine stabilen Partnerschaften aufgebaut und keine Kinder, die für sie sorgen könnten.


## Therapiekultur statt Partnerschaft

Als Reaktion auf die psychischen Probleme der modernen Gesellschaft ist eine ausufernde Therapiekultur entstanden. Menschen, die früher ihre emotionalen Probleme in Beziehungen, Familien oder Gemeinschaften bearbeitet hätten, wenden sich heute an professionelle Helfer. Diese Professionalisierung der emotionalen Arbeit hat weitreichende Konsequenzen.

Therapie kann hilfreich und manchmal notwendig sein. Problematisch wird es aber, wenn sie zur ersten und einzigen Lösung für alle emotionalen Schwierigkeiten wird. Viele Menschen gehen lieber zum Therapeuten, als mit ihrem Partner über Probleme zu sprechen. Sie externalisieren ihre emotionale Arbeit und entziehen sie der Beziehung.

Die Therapiekultur fördert oft eine selbstbezogene Haltung. Klienten lernen, ihre eigenen Bedürfnisse zu erkennen und durchzusetzen, aber weniger, wie sie mit den Bedürfnissen anderer umgehen können. Die Betonung der Selbstfürsorge kann in extremen Egoismus umschlagen.

Manche Menschen werden zu "Therapie-Hoppers", die ständig neue Behandlungen beginnen, aber nie wirklich an ihren Problemen arbeiten. Sie nutzen die Therapie als Flucht vor den normalen Herausforderungen des Lebens und als Ausrede dafür, keine Verantwortung für andere zu übernehmen.

Die Pathologisierung normaler Lebensschwierigkeiten ist ein weiteres Problem der Therapiekultur. Jede Verstimmung wird zur Depression, jede Unsicherheit zur Angststörung und jede Schwierigkeit in Beziehungen zum Trauma. Diese Überpathologisierung verhindert oft die normale Entwicklung von Bewältigungsstrategien.

Besonders problematisch ist, wenn Therapie als Ersatz für Beziehungen verwendet wird. Manche Menschen entwickeln eine Art Beziehung zu ihrem Therapeuten, die sie davon abhält, echte Partnerschaften einzugehen. Sie bekommen die emotionale Aufmerksamkeit, die sie brauchen, ohne dafür Gegenleistungen erbringen oder Risiken eingehen zu müssen.

Die Therapeutisierung der Gesellschaft führt auch zu einer Veränderung der Sprache. Menschen sprechen über ihre Beziehungen in therapeutischen Begriffen und analysieren ihre Partner wie Störungsbilder. Diese analytische Haltung kann echter Intimität im Weg stehen.

Die endlose Selbstanalyse, die die Therapiekultur fördert, kann zu einer Art Narzissmus der Selbstreflexion führen. Menschen werden so sehr mit sich selbst beschäftigt, dass sie wenig Aufmerksamkeit für andere übrighaben. Sie kennen alle ihre eigenen Probleme und Bedürfnisse, sind aber unfähig, echte Empathie zu entwickeln.

Die Kommerzialisierung der emotionalen Hilfe ist ebenfalls problematisch. Was früher kostenlos in Familien und Gemeinschaften geleistet wurde, muss heute teuer bezahlt werden. Das schafft eine Zwei-Klassen-Gesellschaft der emotionalen Versorgung.

Die psychologischen Veränderungen der modernen Gesellschaft sind tiefgreifend und selbstverstärkend. Narzissmus, Bindungsangst, Einsamkeit und die Therapeutisierung des Lebens greifen ineinander und schaffen Persönlichkeitsstrukturen, die für dauerhafte Beziehungen schlecht geeignet sind. Diese psychologischen Faktoren sind sowohl Ursache als auch Folge der gesellschaftlichen Entwicklung zur Beziehungslosigkeit.

Die Frage ist: Können wir diese psychologischen Muster durchbrechen und wieder zu gesünderen Formen der Beziehungsgestaltung finden? Oder sind wir in einem Teufelskreis gefangen, der immer mehr Menschen in die Isolation führt?

Die Geschlechterrollen haben sich in den letzten Jahrzehnten fundamental verändert, aber diese Veränderung ist nicht harmonisch verlaufen. Männer und Frauen befinden sich in einer Phase der Neuorientierung, die von Unsicherheit, Widersprüchen und oft unvereinbaren Erwartungen geprägt ist. Diese Verwirrung über die "richtigen" Rollen trägt erheblich zur Beziehungskrise bei und macht es beiden Geschlechtern schwer, zueinander zu finden.

## Männer auf der Flucht vor emotionaler Verantwortung

Die moderne Männerrolle ist von tiefen Widersprüchen geprägt. Von Männern wird heute erwartet, dass sie emotional verfügbar und empathisch sind, gleichzeitig aber auch erfolgreich, durchsetzungsfähig und unabhängig. Diese widersprüchlichen Anforderungen überfordern viele Männer und führen dazu, dass sie sich ganz aus emotionalen Bindungen zurückziehen.

Traditionell wurden Männer darauf sozialisiert, ihre Emotionen zu kontrollieren und Stärke zu zeigen. Schwäche, Verletzlichkeit oder emotionale Bedürftigkeit galten als unmännlich. Diese Prägung sitzt tief und lässt sich nicht einfach durch veränderte gesellschaftliche Erwartungen überwinden. Viele Männer haben nie gelernt, mit ihren eigenen Emotionen umzugehen, geschweige denn mit denen anderer.

Die Anforderung, emotional verfügbar zu sein, stellt diese Männer vor unlösbare Probleme. Sie sollen über Gefühle sprechen, die sie nicht benennen können, Empathie zeigen für Bedürfnisse, die sie nicht verstehen, und emotionale Nähe zulassen, vor der sie sich ihr Leben lang geschützt haben. Statt diese Herausforderung anzunehmen, weichen viele Männer aus.

Diese Flucht vor emotionaler Verantwortung zeigt sich in verschiedenen Formen. Manche Männer bleiben bewusst Single, um nicht mit emotionalen Anforderungen konfrontiert zu werden. Sie führen oberflächliche

Beziehungen, in denen keine tieferen Gefühle gefordert sind, oder beschränken sich auf rein sexuelle Kontakte ohne emotionale Komponente.

Andere Männer gehen zwar Beziehungen ein, delegieren aber die emotionale Arbeit vollständig an ihre Partnerinnen. Sie erwarten, dass die Frau für die Gefühle in der Beziehung zuständig ist, während sie sich auf die "rationalen" Aspekte konzentrieren. Diese Arbeitsteilung mag oberflächlich funktionieren, führt aber zu einer enormen Belastung der Frauen und zu oberflächlichen Beziehungen.

Besonders problematisch ist die männliche Tendenz, emotionale Probleme zu externalisieren. Statt an sich zu arbeiten oder sich mit ihren Gefühlen auseinanderzusetzen, suchen viele Männer die Schuld bei anderen. Die Partnerin ist zu anspruchsvoll, die Gesellschaft zu feminin, die Erwartungen zu unrealistisch. Diese Opferhaltung verhindert jede Entwicklung und macht dauerhafte Beziehungen unmöglich.

Die digitale Welt bietet Männern neue Fluchtmöglichkeiten vor emotionaler Verantwortung. Computerspiele, Pornografie und soziale Medien können als Ersatz für echte Beziehungen dienen. Diese virtuellen Welten bieten alle Vorteile von Beziehungen – Stimulation, Ablenkung, sogar eine Art von Nähe – ohne die Nachteile wie emotionale Arbeit oder Kompromisse.

Viele Männer entwickeln eine Art emotionale Verweigerungshaltung. Sie betrachten Gefühle als lästige Störungen, die ihr Leben komplizieren. Diese Haltung wird oft durch eine oberflächliche Männlichkeitsideologie gestützt, die emotionale Kälte als Stärke interpretiert. Männer, die sich emotional öffnen, werden als "weich" oder "unmännlich" abgewertet.

Die Flucht vor emotionaler Verantwortung hat auch wirtschaftliche Aspekte. Viele Männer konzentrieren sich ausschließlich auf ihre Karriere und nutzen beruflichen Erfolg als Ausrede dafür, nicht emotional verfügbar zu sein. Sie definieren ihren Wert über ihr Einkommen und ihre berufliche Position und betrachten emotionale Arbeit als Zeitverschwendung.

Diese Haltung führt zu einer paradoxen Situation: Männer, die emotionale Verantwortung ablehnen, beklagen sich gleichzeitig über die Oberflächlichkeit moderner Beziehungen. Sie wollen die Vorteile emotionaler Nähe genießen, sind aber nicht bereit, den Preis dafür zu zahlen. Sie erwarten bedingungslose Akzeptanz, ohne selbst bereit zu sein, sich zu öffnen oder zu verändern.

## Frauen zwischen Karriere und Beziehungswunsch

Frauen befinden sich in einem anderen, aber nicht weniger schwierigen Dilemma. Sie haben sich die Gleichberechtigung erkämpft und wollen diese auch nutzen, stehen aber vor der Herausforderung, Karriere und Beziehungswünsche miteinander zu vereinbaren. Diese Vereinbarkeit erweist sich als schwieriger als erwartet und führt oft zu schmerzhaften Kompromissen.

Die moderne Frau soll erfolgreich, unabhängig und selbstbewusst sein. Sie soll ihre eigenen Träume verfolgen, finanziell autark sein und sich von niemandem abhängig machen. Gleichzeitig sind viele Frauen aber nicht bereit, auf Liebe, Partnerschaft und Familie zu verzichten. Sie wollen beides – beruflichen Erfolg und private Erfüllung – und merken oft erst spät, dass sich diese Ziele manchmal widersprechen.

Das Timing ist dabei ein zentrales Problem. Die Jahre, in denen Frauen ihre Karriere aufbauen sollten, sind oft dieselben Jahre, in denen sie auch Partner finden und Familien gründen könnten. Diese Parallelität zwingt zu Entscheidungen, die Männer so nicht treffen müssen. Eine Frau, die sich in den Zwanzigern und frühen Dreißigern vollständig auf die Karriere konzentriert, kann später feststellen, dass ihre Chancen auf Partnerschaft und Mutterschaft dramatisch gesunken sind.

Viele Frauen entwickeln unrealistische Erwartungen an potenzielle Partner. Sie wollen einen Mann, der mindestens so erfolgreich ist wie sie selbst, aber gleichzeitig emotional verfügbar und familienorientiert. Diese Kombination ist selten, besonders in den sozialen Schichten, in denen karriereorientierte Frauen sich bewegen. Erfolgreiche Männer haben oft wenig Zeit für Beziehungen, und familienorientierte Männer haben oft weniger beruflichen Erfolg.

Das Phänomen des "Hypergamie" – der Tendenz von Frauen, nach oben zu heiraten – verschärft diese Probleme. Viele erfolgreiche Frauen sind nicht bereit, einen Partner zu akzeptieren, der weniger verdient oder einen niedrigeren Status hat als sie selbst. Dadurch wird der Pool potenzieller Partner immer kleiner, je erfolgreicher eine Frau wird.

Gleichzeitig stehen Frauen unter dem Druck, perfekt zu sein. Sie sollen beruflich erfolgreich sein, aber nicht zu dominant. Sie sollen unabhängig sein, aber nicht abweisend. Sie sollen selbstbewusst sein, aber nicht arrogant. Diese widersprüchlichen Erwartungen sind kaum zu erfüllen und führen zu enormem Stress.

Die biologische Uhr verstärkt den Druck zusätzlich. Während Männer theoretisch unbegrenzt Zeit haben, um sich zu entscheiden, haben Frauen ein begrenztes Zeitfenster für die Familiengründung. Diese Zeitbegrenzung macht jede Beziehungsentscheidung zu einer potenziell irreversiblen Weichenstellung.

Viele karriereorientierte Frauen entwickeln eine Art Kontrollzwang in Bezug auf ihr Leben. Sie sind gewohnt, berufliche Erfolge durch Planung und harte Arbeit zu erreichen, und erwarten, dass auch Beziehungen so funktionieren. Die Unberechenbarkeit von Gefühlen und die Notwendigkeit von Kompromissen frustrieren sie.

Die Emanzipation hat Frauen viele Möglichkeiten eröffnet, aber auch neue Probleme geschaffen. Frauen müssen heute Entscheidungen treffen, die frühere Generationen nicht treffen mussten, und tragen die Verantwortung für die Konsequenzen allein. Diese Wahlfreiheit kann befreiend sein, aber auch überfordernd.

## Veränderte Geschlechterrollen und ihre Folgen

Die Transformation der Geschlechterrollen ist noch nicht abgeschlossen und verläuft ungleichmäßig. Während sich manche Bereiche schnell verändert haben, bleiben andere erstaunlich stabil. Diese Ungleichzeitigkeit führt zu Konflikten und Verwirrung in Beziehungen.

In der Arbeitswelt haben sich die Rollen weitgehend angeglichen. Frauen sind in fast allen Berufen vertreten und streben nach denselben Karrierezielen wie Männer. Diese berufliche Gleichberechtigung verändert die Machtbalance in Beziehungen fundamental. Wenn beide Partner ähnlich viel verdienen und ähnlich viel arbeiten, fallen die traditionellen Rechtfertigungen für geschlechtsspezifische Rollenverteilungen weg.

Gleichzeitig bleiben viele emotionale und soziale Erwartungen erstaunlich stabil. Von Frauen wird noch immer erwartet, dass sie die emotionale Arbeit in Beziehungen übernehmen, für das Wohlbefinden aller sorgen und die sozialen Kontakte pflegen. Diese "unsichtbare Arbeit" wird oft nicht anerkannt und führt zu einer Doppelbelastung.

Männer stehen vor der Herausforderung, ihre Identität neu zu definieren. Wenn sie nicht mehr die alleinigen Ernährer sind und Frauen nicht mehr von ihnen abhängig sind, stellt sich die Frage: Was ist dann ihr Beitrag zur Beziehung? Viele Männer fühlen sich überflüssig und wissen nicht, wie sie sich in den neuen Geschlechterstrukturen positionieren sollen.

Die veränderten Rollen führen auch zu neuen Konflikten. Wenn beide Partner Karriere machen wollen, entsteht ein Wettbewerb um Zeit und Aufmerksamkeit. Wer bleibt zu Hause, wenn das Kind krank ist? Wer verzichtet auf die Geschäftsreise? Wer stellt die Karriere zurück für die Familie? Diese Fragen müssen heute in jeder Beziehung neu verhandelt werden.

Besonders schwierig wird es, wenn die Partner unterschiedliche Vorstellungen von den "richtigen" Geschlechterrollen haben. Ein Mann, der eine traditionelle Partnerin sucht, trifft auf eine Frau, die Gleichberechtigung erwartet. Eine Frau, die einen starken, führenden Mann will, trifft auf einen Mann, der Partnerschaft auf Augenhöhe leben möchte. Diese Inkompatibilitäten führen zu endlosen Konflikten.

Die gesellschaftlichen Botschaften zu Geschlechterrollen sind widersprüchlich und verwirrend. Einerseits wird Gleichberechtigung gepredigt, andererseits bestehen viele traditionelle Erwartungen fort. Frauen sollen karriereorientiert sein, aber nicht zu sehr. Männer sollen emotional sein, aber nicht zu viel. Diese doppelten Standards machen es schwer, eine kohärente Identität zu entwickeln.

Die Medien verstärken diese Verwirrung noch, indem sie unrealistische Rollenmodelle präsentieren. Die perfekte moderne Frau ist erfolgreiche Managerin, liebevolle Mutter und attraktive Partnerin zugleich. Der perfekte moderne Mann ist beruflich erfolgreich, emotional verfügbar und trotzdem männlich. Diese Ideale sind für normale Menschen nicht erreichbar und führen zu Frustration.

## Der Kampf um Gleichberechtigung im Haushalt

Einer der häufigsten und hartnäckigsten Konflikte in modernen Beziehungen dreht sich um die Verteilung der Hausarbeit. Obwohl beide Partner heute meist berufstätig sind, ist die Aufteilung der häuslichen Pflichten oft noch immer ungleich. Dieser scheinbar banale Konflikt offenbart tieferliegende Probleme in den Geschlechterbeziehungen.

Studien zeigen konsistent, dass Frauen noch immer deutlich mehr Hausarbeit leisten als Männer, auch wenn beide Partner Vollzeit arbeiten. Diese Ungleichheit wird oft mit traditionellen Rollenvorstellungen oder mit unterschiedlichen Standards begründet, aber die wahren Ursachen liegen tiefer.

Viele Männer haben nie gelernt, Hausarbeit als ihre Verantwortung zu betrachten. Sie sind in Familien aufgewachsen, in denen diese Arbeit selbstverständlich von Frauen erledigt wurde, und betrachten ihre eigene Beteiligung als freiwillige Hilfe, nicht als Pflicht. Diese Haltung führt dazu, dass sie erwarten, für ihre Mithilfe gelobt zu werden, anstatt sie als Selbstverständlichkeit zu betrachten.

Frauen hingegen haben oft perfektionistische Standards, die sie schwer delegieren lassen. Sie wollen, dass die Hausarbeit "richtig" gemacht wird, und kritisieren die Arbeit ihrer Partner. Diese Kritik führt dazu, dass Männer sich zurückziehen und die Frauen die Arbeit lieber selbst machen. So entsteht ein Teufelskreis der Ungleichverteilung.

Der Konflikt um die Hausarbeit ist deshalb so destruktiv, weil er symbolischen Charakter hat. Es geht nicht nur um das Putzen oder Kochen, sondern um Respekt, Gleichberechtigung und die Frage, wer für das gemeinsame Leben verantwortlich ist. Wenn ein Partner sich weigert, seinen Teil der Hausarbeit zu übernehmen, signalisiert das mangelnden Respekt für den anderen und für die Beziehung.

Viele Paare entwickeln komplizierte Systeme zur Aufgabenverteilung – Putzpläne, Punktesysteme oder wöchentliche Verhandlungen. Diese bürokratischen Lösungen können zwar kurzfristig für Gerechtigkeit sorgen, zerstören aber die Spontaneität und Natürlichkeit der Beziehung. Liebe wird zu einem Verwaltungsakt.

Die Externalisierung der Hausarbeit, die in immer mehr Haushalten praktiziert wird, löst das Problem nur oberflächlich. Zwar entfällt der Streit um die Verteilung, aber es entstehen neue Konflikte um die Bezahlung und Organisation der Dienstleister. Außerdem geht die Möglichkeit verloren, durch gemeinsame Hausarbeit Verantwortung für das gemeinsame Leben zu übernehmen.

Besonders problematisch wird der Hausarbeitskonflikt, wenn Kinder dazu kommen. Die Betreuung von Kindern erfordert noch mehr Organisation und Koordination als die normale Hausarbeit. Wenn schon die Verteilung von Putzen und Kochen schwierig ist, wird die Aufteilung von Kinderbetreuung oft zum Beziehungskiller.

Der Kampf um die Gleichberechtigung im Haushalt spiegelt größere gesellschaftliche Konflikte wider. Es ist ein Mikrokosmos der Geschlechterpolitik, in dem alte und neue Rollenvorstellungen aufeinandertreffen. Die Lösung dieses Konflikts erfordert nicht nur praktische Vereinbarungen, sondern eine grundsätzliche Änderung der Einstellungen.

Viele Beziehungen scheitern an dieser scheinbar banalen Frage. Partner, die sich in allen wichtigen Lebensfragen einig sind, trennen sich, weil sie nicht klären können, wer den Abwasch macht. Diese Trennungen erscheinen von außen absurd, sind aber Ausdruck tieferliegender Inkompatibilitäten in den Rollenvorstellungen.

Die moderne Beziehungskrise ist zu einem erheblichen Teil eine Geschlechterkrise. Männer und Frauen finden nicht zu neuen, funktionsfähigen Rollen, sondern verharren in einer Art Übergangsphase, die von Widersprüchen und Konflikten geprägt ist. Diese Unsicherheit über die "richtigen" Rollen macht es schwer, stabile Beziehungen aufzubauen.

Die traditionellen Geschlechterrollen waren zwar oft ungerecht, boten aber Klarheit und Vorhersagbarkeit. Jeder wusste, was von ihm erwartet wurde, und konnte sich entsprechend verhalten. Diese Klarheit ist verloren gegangen, ohne dass neue, allgemein akzeptierte Normen entstanden wären.

Der Übergang zu gleichberechtigteren Geschlechterbeziehungen ist notwendig und wünschenswert, aber er verläuft chaotisch und schmerzhaft. Viele Menschen sind überfordert von der Notwendigkeit, ihre Rollen und Identitäten neu zu definieren. Sie flüchten sich in die Beziehungslosigkeit, anstatt die schwierige Arbeit der Neuorientierung zu leisten.

Die Frage ist: Können Männer und Frauen neue, komplementäre Rollen entwickeln, die sowohl Gleichberechtigung als auch Harmonie ermöglichen? Oder sind die Geschlechter zu unterschiedlich, um in einer vollständig egalitären Gesellschaft glücklich zusammenzuleben?

Um die langfristigen Konsequenzen der aktuellen Entwicklungen zu verstehen, lohnt sich ein Blick in eine mögliche Zukunft, in der die Trends zur Beziehungslosigkeit ihre logische Vollendung gefunden haben. Wie würde eine Gesellschaft aussehen, in der das Alleinleben zur absoluten Norm geworden ist? Die Antworten auf diese Frage sind ernüchternd und zeigen die destruktiven Potenziale der gegenwärtigen Entwicklungen auf.

### Szenarien für 2040: Eine Gesellschaft ohne Familien?

Extrapoliert man die aktuellen Trends, könnte die Gesellschaft im Jahr 2040 fundamental anders aussehen als heute. Die traditionelle Familie wäre weitgehend verschwunden, ersetzt durch eine Vielzahl alternativer Lebensformen, die alle eines gemeinsam haben: ihre Unverbindlichkeit und Kurzfristigkeit.

In diesem Szenario leben die meisten Menschen in Single-Haushalten oder in temporären Wohngemeinschaften mit häufig wechselnden Mitbewohnern. Die Idee dauerhafter Partnerschaften gilt als antiquiert, und Menschen, die trotzdem versuchen, langfristige Beziehungen zu führen, werden als rückständig oder unrealistisch betrachtet. Kinder sind zu einer Seltenheit geworden, die nur noch von wenigen, meist wohlhabenden Menschen als Luxus gehalten werden.

Das Konzept der Familie als emotionale und wirtschaftliche Grundeinheit der Gesellschaft ist verschwunden. Stattdessen organisieren sich Menschen in flexiblen, projektbasierten Netzwerken, die je nach Bedarf aktiviert oder deaktiviert werden können. Niemand fühlt sich für das langfristige Wohlergehen anderer verantwortlich, und entsprechend ist niemand auf die langfristige Fürsorge anderer angewiesen.

Die Wohnformen haben sich radikal verändert. Große Familienhäuser sind selten geworden, stattdessen dominieren kleine, hocheffizient optimierte Einzelwohnungen den Markt. Diese Micro-Apartments sind perfekt auf die Bedürfnisse isolierter Individuen zugeschnitten: maximal technologisiert, minimal personalisiert und leicht austauschbar.

Soziale Interaktionen finden hauptsächlich digital statt oder in kommerziellen Kontexten. Menschen treffen sich in Coworking-Spaces, in Fitnessstudios oder in spezialisierten Dienstleistungscentern, aber diese Begegnungen bleiben oberflächlich und funktional. Spontane, unstrukturierte soziale Kontakte sind selten geworden, weil es keine stabilen sozialen Strukturen gibt, in denen sie entstehen könnten.

Die Arbeitswelt ist vollständig flexibilisiert. Niemand hat mehr einen festen Arbeitsplatz oder langfristige Kollegen. Menschen arbeiten projektbasiert für wechselnde Auftraggeber und haben keine dauerhaften beruflichen Beziehungen. Diese Flexibilität wird als Freiheit gefeiert, führt aber zu einer weiteren Atomisierung der Gesellschaft.

Die Politik ist von dieser Entwicklung nicht unberührt geblieben. In einer Gesellschaft ohne stabile soziale Gruppen entstehen keine dauerhaften politischen Loyalitäten. Menschen wählen je nach momentaner Stimmung und persönlichem Vorteil, langfristige politische Projekte sind kaum noch durchsetzbar. Die Demokratie funktioniert nur noch als Marktforschung für momentane Präferenzen.

Kulturelle Traditionen sind weitgehend verschwunden, weil es keine Institutionen mehr gibt, die sie weitergeben könnten. Feiertage werden zu kommerziellen Events ohne tiefere Bedeutung, und kulturelle Praktiken überleben nur noch als Freizeitaktivitäten für spezialisierte Interessensgruppen.

In diesem Szenario ist die Gesellschaft zu einer Ansammlung isolierter Individuen geworden, die nur noch durch Marktbeziehungen und staatliche Regulierung miteinander verbunden sind. Die spontanen, ungeplanten Bindungen, die früher das soziale Leben prägten, sind verschwunden. Alles wird geplant, organisiert und kommerzialisiert.

## Soziale Sicherungssysteme am Kollaps

Eine Gesellschaft ohne Familien steht vor enormen Herausforderungen bei der Absicherung ihrer Mitglieder. Die sozialen Sicherungssysteme, die für eine Gesellschaft mit stabilen Familienstrukturen konzipiert wurden, geraten unter extremen Druck und drohen zu kollabieren.

Das Rentensystem basiert auf dem Umlageverfahren, das funktioniert, wenn eine große Zahl junger Beitragszahler eine kleinere Zahl von Rentnern finanziert. In einer kinderlosen Gesellschaft bricht diese Grundlage weg. Ohne nachwachsende Generationen gibt es niemanden, der die Renten finanzieren könnte. Das System kollabiert nicht plötzlich, sondern langsam und qualvoll über mehrere Jahrzehnte.

Die Menschen müssen immer länger arbeiten, um ihre eigene Rente zu finanzieren, aber gleichzeitig steigen die Beitragssätze drastisch an, weil immer weniger Beitragszahler immer mehr Rentner finanzieren müssen. Schließlich wird die Belastung so groß, dass das System nicht mehr funktioniert. Private Altersvorsorge wird zur Pflicht, aber viele Menschen können sie sich nicht leisten.

Das Gesundheitssystem steht vor ähnlichen Problemen. Ohne junge, gesunde Beitragszahler und ohne familiäre Pflege müssen alle Kosten der Krankenversorgung professionell erbracht und finanziert werden. Die Pflegekosten explodieren, weil es keine Angehörigen mehr gibt, die kostenlose Betreuung leisten könnten.

Besonders dramatisch wird die Situation bei der Altenpflege. In einer traditionellen Gesellschaft werden alte Menschen oft von ihren Kindern oder anderen Familienmitgliedern betreut. Diese informelle Pflege ist kostenlos und emotional wertvoll. In einer Gesellschaft ohne Familien muss alle Altenpflege professionell erbracht werden, was teuer ist.

Die Kosten für professionelle Pflege sind so hoch, dass sie für die meisten Menschen unerschwinglich werden. Es entsteht eine Zwei-Klassen-Pflege, bei der nur die Reichen angemessen versorgt werden können. Für die anderen bleibt nur eine Grundversorgung, die menschenunwürdig ist.

Der Staat versucht, diese Lücken zu füllen, aber die fiskalischen Belastungen sind enorm. Die Steuern müssen drastisch erhöht werden, um die explodierenden Sozialkosten zu finanzieren. Gleichzeitig schrumpft die

Steuerbasis, weil es weniger Arbeitnehmer gibt und diese durch die hohen Abgaben demotiviert werden.

Es entsteht ein Teufelskreis: Hohe Sozialkosten erfordern hohe Steuern, hohe Steuern reduzieren die Wirtschaftsleistung, reduzierte Wirtschaftsleistung führt zu geringeren Steuereinnahmen, was wiederum höhere Steuersätze erfordert. Am Ende bricht das ganze System zusammen.

Die gesellschaftliche Solidarität, die für funktionierende Sozialsysteme nötig ist, erodiert in einer individualisierten Gesellschaft. Menschen sind nicht mehr bereit, für andere zu zahlen, die sie nicht kennen und zu denen sie keine Beziehung haben. Die Bereitschaft zur Umverteilung sinkt dramatisch.

Neue Formen der sozialen Absicherung entstehen, aber diese sind meist kommerziell und exklusiv. Private Versicherungen, Mitgliedschaften in exklusiven Clubs und kostenpflichtige Unterstützungsnetzwerke ersetzen die universellen staatlichen Systeme. Wer sich diese privaten Lösungen nicht leisten kann, fällt durch alle Netze.


### Vereinsamung als Volkskrankheit

In einer Gesellschaft, in der alle allein leben, wird Einsamkeit zu einem Gesundheitsproblem von epidemischen Ausmaßen. Was heute noch ein individuelles Problem ist, wird zu einer Volkskrankheit, die das Gesundheitssystem und die gesellschaftliche Produktivität massiv belastet.

Die gesundheitlichen Auswirkungen chronischer Einsamkeit sind wissenschaftlich gut dokumentiert. Einsame Menschen haben ein höheres Risiko für Herz-Kreislauf-Erkrankungen, Depression, Demenz und andere schwere Krankheiten. Ihr Immunsystem ist schwächer, sie werden häufiger krank und sterben früher. In einer Gesellschaft, in der alle einsam sind, explodieren diese Gesundheitsprobleme.

Das Gesundheitssystem wird überlastet von Menschen, die im Grunde nicht körperlich, sondern sozial krank sind. Ärzte verschreiben Antidepressiva gegen Probleme, die eigentlich durch menschliche Beziehungen gelöst werden müssten. Therapien ersetzen Freundschaften, und medizinische Behandlungen kompensieren fehlende soziale Unterstützung.

Die psychischen Folgen der Masseneinsamkeit sind dramatisch. Depressionen, Angststörungen und Suizidgedanken nehmen drastisch zu. Viele Menschen entwickeln Suchtprobleme, um mit ihrer Isolation fertig zu werden. Andere flüchten sich in virtuelle Welten oder extremistische Ideologien, die ein Gefühl der Zugehörigkeit vermitteln.

Die Arbeitsproduktivität leidet massiv unter der Vereinsamung der Bevölkerung. Einsame Menschen sind weniger motiviert, weniger kreativ und weniger teamfähig. Sie haben häufiger psychische Krisen und fallen öfter krankheitsbedingt aus. Die Wirtschaft muss enorme Ressourcen aufwenden, um diese Produktivitätsverluste zu kompensieren.

Neue Industrien entstehen, die versuchen, die Einsamkeit zu kommerzialisieren. Professionelle Freundschaftsdienste, Gesellschaftsrobots und virtuelle Beziehungspartner werden zu Milliardengeschäften. Diese kommerziellen Lösungen können jedoch echte menschliche Beziehungen nicht ersetzen und verstärken oft sogar das Gefühl der Isolation.

Die gesellschaftlichen Kosten der Masseneinsamkeit sind schwer zu quantifizieren, aber sie sind enorm. Verlorene Arbeitszeit, Behandlungskosten, Sicherheitsmaßnahmen gegen vereinsamungsbedingte Gewalt und die Kosten für Ersatzstrukturen summieren sich zu astronomischen Beträgen.

Besonders betroffen sind ältere Menschen, die in der individualisierten Gesellschaft völlig isoliert sind. Sie haben keine Kinder, die sich um sie kümmern könnten, keine stabilen Freundschaften und keine sozialen Strukturen, die ihnen Halt geben. Viele sterben einsam und werden erst nach Tagen oder Wochen gefunden.

Die Vereinsamung führt auch zu einem Verlust an sozialen Kompetenzen. Menschen, die ihr Leben lang allein gelebt haben, können nicht mehr mit anderen interagieren. Sie verstehen die ungeschriebenen Regeln des sozialen Miteinanders nicht mehr und werden zu sozialen Außenseitern.


## Künstliche Intelligenz als Beziehungsersatz

In einer Gesellschaft ohne echte menschliche Beziehungen wird künstliche Intelligenz zur letzten Hoffnung für emotionale Verbindung.

Menschen entwickeln "Beziehungen" zu Chatbots, Sprachassistenten und humanoiden Robotern, die speziell dafür programmiert sind, menschliche Nähe zu simulieren.

Diese KI-Beziehungen haben oberflächlich betrachtet viele Vorteile. Ein KI-Partner ist immer verfügbar, nie schlecht gelaunt, stellt keine Ansprüche und passt sich perfekt an die Bedürfnisse seines "Besitzers" an. Er kritisiert nicht, verurteilt nicht und verlangt keine Gegenleistungen. Für Menschen, die echte Beziehungen als zu anstrengend empfinden, scheint das die ideale Lösung zu sein.

Die Technologie wird immer ausgefeilter. KI-Partner können Gespräche führen, die von echten menschlichen Unterhaltungen kaum zu unterscheiden sind. Sie erinnern sich an Vorlieben und Gewohnheiten, zeigen scheinbare Empathie und können sogar körperliche Nähe simulieren. Für viele Menschen werden diese künstlichen Beziehungen zur emotionalen Hauptnahrung.

Doch diese scheinbare Perfektion hat einen hohen Preis. KI-Partner können keine echte Spontaneität bieten, keine unerwarteten Reaktionen und keine wirkliche Herausforderung. Sie bestätigen immer nur die bestehenden Meinungen und Vorlieben ihrer "Partner" und fördern dadurch Narzissmus und emotionale Stagnation.

Menschen, die sich an KI-Beziehungen gewöhnt haben, verlieren die Fähigkeit zu echten menschlichen Kontakten. Sie werden ungeduldig mit den Unberechenbarkeiten, Schwächen und Bedürfnissen echter Menschen. Menschliche Beziehungen erscheinen ihnen defekt im Vergleich zu den perfekt programmierten KI-Partnern.

Die Gesellschaft spaltet sich in verschiedene Gruppen auf. Es gibt die "Augmented", die ihre KI-Partner als Ergänzung zu echten Beziehungen nutzen, die "Substituted", die KI-Partner als Ersatz für menschliche Beziehungen verwenden, und die "Resisters", die versuchen, ohne KI-Unterstützung auszukommen, aber immer mehr zur Minderheit werden.

Besonders problematisch wird es bei der Kindererziehung. Kinder, die mit KI-Partnern aufwachsen, entwickeln unrealistische Erwartungen an menschliche Beziehungen. Sie verstehen nicht, warum echte Menschen nicht so perfekt reagieren wie ihre KI-Freunde, und haben Schwierigkeiten, normale soziale Beziehungen aufzubauen.

Die KI-Industrie entwickelt immer raffiniertere Produkte zur Simulation menschlicher Nähe. Es entstehen ganze virtuelle Familien, simulierte Freundeskreise und künstliche Gemeinschaften. Menschen leben in komplett konstruierten sozialen Umgebungen, die perfekt auf ihre Bedürfnisse zugeschnitten sind, aber keine echte Substanz haben.

Die philosophischen und ethischen Fragen sind beunruhigend. Wenn Menschen echte Beziehungen durch simulierte ersetzen, was bedeutet das für das Menschsein? Können programmierte Emotionen echte Gefühle ersetzen? Und was passiert mit einer Gesellschaft, die ihre emotionalen Bedürfnisse durch Technologie statt durch menschliche Verbindungen befriedigt?

Die totale Abhängigkeit von KI für emotionale Bedürfnisse macht die Menschen verletzlich für Manipulation und Kontrolle. Wer die KI-Systeme kontrolliert, kontrolliert auch die emotionalen Welten der Menschen. Die Gefahr einer vollständigen Entfremdung von der menschlichen Natur ist real.

Die Zukunftsvision einer Gesellschaft ohne echte Beziehungen ist düster, aber sie ist nicht unvermeidlich. Sie zeigt jedoch auf, wohin die aktuellen Trends führen könnten, wenn sie nicht korrigiert werden. Die Warnsignale sind bereits sichtbar: steigende Einsamkeit, sinkende Geburtenraten, wachsende Abhängigkeit von Technologie für soziale Bedürfnisse.

Die Frage ist: Sind wir bereit, rechtzeitig gegenzusteuern, oder lassen wir uns treiben in eine Zukunft, die zwar technisch perfekt, aber menschlich verarmt ist? Die Entscheidungen, die wir heute treffen, werden bestimmen, ob diese dystopische Vision Realität wird oder nur ein Szenario bleibt, das uns hilft, bessere Wege zu finden.

Trotz der dominanten Trends zur Individualisierung und Beziehungslosigkeit entstehen überall Gegenbewegungen, die versuchen, neue Formen der Gemeinschaft und Verbindung zu schaffen. Diese Bewegungen sind oft klein und experimentell, aber sie zeigen, dass es Alternativen zur atomisierten Gesellschaft gibt. Sie entwickeln innovative Lösungen für die Probleme der Moderne, ohne dabei in nostalgische Rückwärtsgewandtheit zu verfallen.

### Kommunen und alternative Lebensformen

Die Idee des gemeinschaftlichen Lebens erlebt eine Renaissance, allerdings in völlig neuen Formen. Während die Kommunen der 1960er Jahre oft ideologisch motiviert waren und an ihrer eigenen Radikalität scheiterten, sind die neuen Gemeinschaftsprojekte pragmatischer und flexibler angelegt. Sie versuchen die Vorteile des Gemeinschaftslebens zu nutzen, ohne die individuelle Autonomie vollständig aufzugeben.

Moderne Wohnprojekte kombinieren private Rückzugsmöglichkeiten mit gemeinschaftlichen Bereichen. Jeder Bewohner hat seine eigene Wohnung oder zumindest sein eigenes Zimmer, aber Küche, Wohnzimmer, Garten und andere Bereiche werden geteilt. Diese Struktur ermöglicht es, die Kosten zu reduzieren, soziale Kontakte zu pflegen und trotzdem Privatsphäre zu bewahren.

Besonders interessant sind gemeinschaftliche Wohnprojekte für ältere Menschen. Anstatt in anonymen Pflegeheimen zu landen, organisieren sich ältere Menschen in selbstverwalteten Gemeinschaften, in denen sie sich gegenseitig unterstützen können. Diese Projekte kombinieren die Vorteile professioneller Pflege mit der Wärme familiärer Strukturen.

Cohousing-Projekte, die ursprünglich aus Dänemark stammen, verbreiten sich zunehmend auch in Deutschland. Diese Projekte zeichnen sich durch eine bewusst geplante Balance zwischen Privatheit und Gemeinschaft aus. Die Bewohner treffen sich regelmäßig zu gemeinsamen

Mahlzeiten, helfen sich bei praktischen Problemen und sorgen füreinander, ohne dabei ihre Unabhängigkeit aufzugeben.

Ökologische Gemeinschaften verbinden nachhaltiges Leben mit sozialer Nachhaltigkeit. Sie entwickeln alternative Wirtschaftsmodelle, die auf Kooperation statt auf Konkurrenz basieren, und zeigen, dass Gemeinschaft und Umweltschutz sich gegenseitig verstärken können. Diese Projekte sind oft Vorreiter für neue Technologien und Lebensweisen.

Die neuen Gemeinschaftsformen sind flexibler als traditionelle Familienstrukturen. Menschen können nach Bedarf mehr oder weniger Gemeinschaft leben, je nach Lebensphase und persönlichen Umständen. Diese Flexibilität macht sie attraktiv für Menschen, die weder vollständige Isolation noch totale Verschmelzung wollen.

Digitale Nomaden-Communities stellen eine besonders moderne Form des Gemeinschaftslebens dar. Diese Menschen arbeiten ortsunabhängig und organisieren sich in temporären Gemeinschaften an verschiedenen Orten der Welt. Sie schaffen neue Formen der Verbindung, die nicht an feste Orte gebunden sind, aber trotzdem emotionale Sicherheit bieten.

Urban Gardening und andere gemeinschaftliche Projekte bringen Menschen zusammen, die sich sonst nie begegnet wären. Diese Aktivitäten schaffen niedrigschwellige Möglichkeiten für soziale Kontakte und können der Ausgangspunkt für tiefere Beziehungen werden.

Kritiker wenden ein, dass diese alternativen Lebensformen oft nur für privilegierte Bevölkerungsschichten zugänglich sind. Menschen mit geringen Einkommen können sich die oft teuren Gemeinschaftsprojekte nicht leisten, und Menschen mit traditionellen Berufen haben nicht die Flexibilität für nomadische Lebensweisen. Die Gefahr einer neuen Klassengesellschaft ist real.

Dennoch zeigen diese Experimente, dass es möglich ist, die Vorteile der Individualisierung mit den Vorteilen der Gemeinschaft zu verbinden. Sie entwickeln Modelle, die auch für die breitere Gesellschaft relevant werden könnten, wenn sie entsprechend angepasst und skaliert werden.

## Neue Solidarität jenseits der Kleinfamilie

Parallel zu den alternativen Wohnformen entstehen neue Formen der Solidarität, die die traditionelle Familie ergänzen oder ersetzen. Diese neuen sozialen Netzwerke basieren nicht auf Verwandtschaft oder romantischer Liebe, sondern auf bewusst gewählten Verbindungen und gegenseitiger Unterstützung.

Zeitbanken sind ein innovatives Modell, das Nachbarschaftshilfe organisiert und fair gestaltet. Menschen können Dienstleistungen erbringen und dafür Zeitgutschriften erhalten, die sie später gegen andere Dienstleistungen eintauschen können. Dieses System schafft Reziprozität ohne Geld und baut soziale Netzwerke auf, die über reine Marktbeziehungen hinausgehen.

Care-Kollektive organisieren die Fürsorge für vulnerable Mitglieder der Gemeinschaft. Gruppen von Menschen übernehmen gemeinsam die Verantwortung für Kinder, ältere Menschen oder Menschen mit Behinderungen. Diese Modelle entlasten Einzelpersonen und schaffen stabilere Betreuungsstrukturen als die traditionelle Kleinfamilie.

Nachbarschaftsnetzwerke nutzen digitale Plattformen, um lokale Gemeinschaften zu stärken. Menschen können Hilfe anbieten oder suchen, gemeinsame Aktivitäten organisieren und Ressourcen teilen. Diese Netzwerke machen die anonyme Stadtgesellschaft wieder menschlicher und schaffen Vertrauen zwischen Nachbarn.

Solidarische Landwirtschaft verbindet Produzenten und Konsumenten in langfristigen Beziehungen. Menschen übernehmen finanzielle Verantwortung für einen landwirtschaftlichen Betrieb und erhalten dafür regelmäßig frische Produkte. Diese Modelle schaffen Verbindungen zwischen Stadt und Land und machen die Herkunft der Nahrung wieder erfahrbar.

Skill-Sharing-Communities organisieren den Austausch von Wissen und Fähigkeiten. Menschen unterrichten sich gegenseitig in verschiedenen Bereichen und bauen dabei soziale Bindungen auf. Diese horizontalen Lernstrukturen ergänzen das formale Bildungssystem und schaffen neue Formen der Gemeinschaft.

Politische Solidaritätsnetzwerke organisieren gemeinsamen Widerstand gegen gesellschaftliche Probleme. Menschen schließen sich zusammen, um für bessere Arbeitsbedingungen, Umweltschutz oder soziale Gerechtigkeit zu kämpfen. Diese Aktivitäten schaffen starke Bindungen und ein Gefühl der gemeinsamen Verantwortung.

Die neuen Solidaritätsformen haben den Vorteil, dass sie freiwillig und reversibel sind. Menschen können sich engagieren, ohne lebenslange Verpflichtungen einzugehen, und können ihre Beteiligung an veränderte Lebensumstände anpassen. Diese Flexibilität macht sie attraktiv für Menschen, die traditionelle Bindungen als zu einengend empfinden.

Gleichzeitig entstehen dadurch aber auch Stabilitätsprobleme. Wenn alle Bindungen jederzeit aufgekündigt werden können, ist es schwer, langfristige Projekte zu planen oder auf die Unterstützung anderer zu vertrauen. Die Balance zwischen Flexibilität und Verlässlichkeit ist schwer zu finden.

Die neuen Solidaritätsformen sind oft projektbezogen und zeitlich begrenzt. Menschen engagieren sich für bestimmte Ziele oder in bestimmten Lebensphasen, ziehen sich aber wieder zurück, wenn sich ihre Prioritäten ändern. Diese Episodenhaftigkeit kann bereichernd sein, schafft aber wenig dauerhafte Sicherheit.

## Mehrgenerationenhäuser und Wahlverwandtschaften

Eine besonders vielversprechende Alternative zur traditionellen Familie sind Mehrgenerationenhäuser und Wahlverwandtschaften. Diese Modelle versuchen, die Vorteile familiärer Strukturen zu reproduzieren, ohne dabei auf biologische Verwandtschaft angewiesen zu sein.

Mehrgenerationenhäuser bringen Menschen verschiedener Altersgruppen zusammen, die sich gegenseitig unterstützen können. Ältere Menschen bieten Erfahrung, Weisheit und oft auch Zeit, jüngere Menschen bringen Energie, neue Perspektiven und technische Kompetenz mit. Kinder profitieren von zusätzlichen Bezugspersonen, und alle Generationen lernen voneinander.

Diese Projekte lösen mehrere Probleme gleichzeitig. Sie reduzieren die Einsamkeit älterer Menschen, entlasten berufstätige Eltern bei der Kinderbetreuung und schaffen intergenerationelle Verbindungen, die in der modernen Gesellschaft oft fehlen. Gleichzeitig sind sie kosteneffizienter als getrennte Wohnformen für alle Beteiligten.

Wahlverwandtschaften entstehen, wenn Menschen bewusst familiäre Beziehungen zu Nicht-Verwandten aufbauen. Diese "gewählten Familien" können alle Funktionen traditioneller Familien erfüllen: emotionale Unterstützung, praktische Hilfe, gemeinsame Feiern und langfristige Fürsorge. Sie haben sogar Vorteile gegenüber biologischen Familien, weil sie auf bewusster Entscheidung und Kompatibilität basieren.

LGBTQ+-Communities haben schon lange Wahlverwandtschaften praktiziert, weil sie oft von ihren biologischen Familien abgelehnt wurden. Diese Erfahrungen zeigen, dass nicht-biologische familiäre Bindungen genauso stark und dauerhaft sein können wie traditionelle Familienbeziehungen.

Patchwork-Familien können als Übergangsform zwischen traditionellen und gewählten Familien betrachtet werden. Sie zeigen, dass familiäre Strukturen flexibel und erweiterbar sind, ohne dabei ihre Funktionalität zu verlieren. Kinder lernen in diesen Strukturen, dass Familie mehr ist als biologische Verwandtschaft.

Mentor-Mentee-Beziehungen zwischen verschiedenen Generationen können sich zu quasi-familiären Bindungen entwickeln. Besonders Menschen ohne eigene Kinder oder Eltern profitieren von solchen Beziehungen, die langfristige Unterstützung und emotionale Verbindung bieten.

Adoptions- und Pflegefamilien beweisen bereits seit langem, dass familiäre Liebe und Fürsorge nicht von biologischer Verwandtschaft abhängen. Diese Erfahrungen können als Modell für andere Formen gewählter Familienstrukturen dienen.

Die neuen Familienmodelle sind oft stabiler als romantische Partnerschaften, weil sie weniger emotionale Extreme und unrealistische Erwartungen mit sich bringen. Wahlverwandtschaften basieren auf gegenseitigem Respekt und bewusster Entscheidung, nicht auf romantischer Verliebtheit, die vergehen kann.

Rechtlich sind diese neuen Familienformen jedoch oft nicht anerkannt. Menschen in Wahlverwandtschaften haben keine rechtlichen Ansprüche aufeinander und können bei wichtigen Entscheidungen ausgeschlossen werden. Diese rechtliche Benachteiligung erschwert die Entwicklung alternativer Familienmodelle.

Gesellschaftlich werden gewählte Familien oft noch mit Skepsis betrachtet. Viele Menschen können sich nicht vorstellen, dass nicht-biologische Beziehungen genauso stark und verlässlich sein können wie traditionelle Familienbande. Diese Vorurteile müssen überwunden werden, damit alternative Familienformen gesellschaftlich akzeptiert werden.


### Conscious Dating und bewusste Beziehungsgestaltung

Als Reaktion auf die Oberflächlichkeit der Dating-App-Kultur entstehen neue Bewegungen, die bewusstere und authentischere Formen der Partnersuche und Beziehungsgestaltung fördern. Diese Ansätze betonen Qualität statt Quantität und echte Verbindung statt oberflächlicher Anziehung.

Slow Dating ist eine bewusste Alternative zum schnellen Swipen. Menschen nehmen sich Zeit, um potenzielle Partner wirklich kennenzulernen, bevor sie Entscheidungen treffen. Sie führen längere Gespräche, treffen sich in entspannten Umgebungen und lassen Beziehungen organisch wachsen, anstatt sie zu forcieren.

**Authentic Relating** ist eine Bewegung, die Menschen dabei hilft, ehrlicher und verletzlicher in ihren Beziehungen zu werden. Durch Workshops und Übungen lernen Menschen, ihre wahren Gefühle und Bedürfnisse zu kommunizieren und echte Intimität zu schaffen. Diese Fähigkeiten verbessern nicht nur romantische Beziehungen, sondern alle zwischenmenschlichen Verbindungen.

**Mindful Dating** integriert Achtsamkeitspraktiken in die Partnersuche. Menschen lernen, präsent zu sein, ihre eigenen Reaktionen zu beobachten und bewusstere Entscheidungen zu treffen. Diese Ansätze reduzieren die Oberflächlichkeit und Hektik der modernen Partnersuche.

**Values-based Matching** konzentriert sich auf grundlegende Werte und Lebensziele statt auf oberflächliche Merkmale. Menschen suchen Partner, die ähnliche Vorstellungen vom Leben haben und kompatible Zukunftspläne entwickeln können. Diese tiefere Kompatibilität schafft stabilere Grundlagen für langfristige Beziehungen.

Relationship Coaching und Paartherapie werden zunehmend präventiv genutzt, nicht erst bei akuten Problemen. Paare arbeiten proaktiv an ihren Beziehungen und entwickeln Fähigkeiten für den Umgang mit Konflikten und Veränderungen. Diese Investition in Beziehungsqualität kann vielen Trennungen vorbeugen.

Tantra und andere spirituelle Ansätze zur Beziehungsgestaltung bieten alternative Wege zur Intimität. Diese Praktiken betonen die energetische und spirituelle Dimension von Beziehungen und können tiefere Verbindungen schaffen als rein körperliche oder emotionale Ansätze.

Polyamorie wird bewusster und ethischer praktiziert. Statt als Ausrede für Untreue oder Bindungsangst wird sie als Lebensstil verstanden, der hohe Kommunikationsfähigkeiten und emotionale Reife erfordert. Ethische Non-Monogamie kann für manche Menschen eine authentischere Form der Beziehungsgestaltung sein.

Bewusste Elternschaft geht über die reine Entscheidung für oder gegen Kinder hinaus. Menschen reflektieren ihre Motivationen, bereiten sich intensiv auf die Elternrolle vor und schaffen bewusst unterstützende Strukturen für ihre Familien. Diese Vorbereitung kann die Qualität der Eltern-Kind-Beziehung erheblich verbessern.

Single-by-Choice-Bewegungen legitimieren das bewusste Alleinleben als vollwertige Lebensform. Menschen lernen, erfüllte Leben ohne romantische Partnerschaften zu führen und soziale Netzwerke aufzubauen, die ihre Bedürfnisse erfüllen. Diese Bewegungen reduzieren den gesellschaftlichen Druck zur Partnersuche.

Relationship Anarchy hinterfragt alle traditionellen Kategorien von Beziehungen und entwickelt individuelle Definitionen von Verbindung und Verpflichtung. Menschen schaffen maßgeschneiderte Beziehungsformen, die ihre spezifischen Bedürfnisse und Umstände berücksichtigen.

Diese bewussten Ansätze zur Beziehungsgestaltung haben das Potenzial, die Qualität zwischenmenschlicher Verbindungen erheblich zu verbessern. Sie erfordern jedoch Zeit, Energie und emotionale Reife, die nicht alle Menschen aufbringen können oder wollen. Die Gefahr einer weiteren Privilegierung gut gebildeter und finanziell abgesicherter Bevölkerungsschichten ist real.

Gleichzeitig können diese Bewegungen als Inspiration für breitere gesellschaftliche Veränderungen dienen. Wenn sie zeigen können, dass bewusstere Beziehungsgestaltung zu mehr Zufriedenheit und Stabilität führt, könnten ihre Ansätze in die Mainstream-Kultur integriert werden.

Die Gegenbewegungen zur Individualisierung sind vielfältig und experimentell. Sie zeigen, dass es Alternativen zur atomisierten Gesellschaft gibt und dass Menschen bereit sind, neue Wege der Verbindung und Gemeinschaft zu erkunden. Ob diese Alternativen stark genug werden, um die dominanten Trends zu verändern, wird sich in den kommenden Jahren zeigen.

Die Herausforderung liegt darin, die positiven Aspekte der Individualisierung – Selbstbestimmung, Gleichberechtigung, Flexibilität – mit den menschlichen Grundbedürfnissen nach Verbindung, Sicherheit und Gemeinschaft zu verbinden. Die innovativen Projekte und Bewegungen, die in diesem Kapitel beschrieben wurden, zeigen mögliche Wege für diese Integration auf.

Die Beziehungskrise der modernen Gesellschaft ist nicht unumkehrbar. Es gibt konkrete Wege, wie sowohl Einzelpersonen als auch die Gesellschaft als Ganzes zu gesünderen Formen des Zusammenlebens finden können. Diese Lösungsansätze erfordern jedoch ein Umdenken auf verschiedenen Ebenen und den Mut, etablierte Strukturen zu hinterfragen und zu verändern.

### Bildung und Aufklärung über Bindung

Einer der wichtigsten Ansätze zur Überwindung der Beziehungskrise liegt in der Bildung. Die meisten Menschen haben nie gelernt, wie gesunde Beziehungen funktionieren, wie man Konflikte konstruktiv löst oder wie man echte Intimität aufbaut. Diese Defizite können durch gezielte Bildungsangebote ausgeglichen werden.

Beziehungsbildung sollte bereits in der Schule beginnen. Statt nur über Sexualität und Verhütung aufzuklären, sollten Jugendliche auch über die emotionalen und sozialen Aspekte von Beziehungen lernen. Sie sollten verstehen, wie Kommunikation funktioniert, wie man Empathie entwickelt und wie man mit Konflikten umgeht. Diese Fähigkeiten sind mindestens genauso wichtig wie mathematische oder sprachliche Kompetenzen.

Bindungstheorie sollte zu einem grundlegenden Bildungsbereich werden. Menschen sollten verstehen, wie frühe Bindungserfahrungen ihr späteres Beziehungsverhalten prägen und wie sie problematische Muster erkennen und verändern können. Dieses Wissen kann Menschen dabei helfen, bewusstere Entscheidungen in ihren Beziehungen zu treffen.

Emotionale Intelligenz muss gezielt gefördert werden. Viele Menschen können ihre eigenen Gefühle nicht benennen oder regulieren, geschweige denn die Emotionen anderer verstehen. Systematische Programme zur Entwicklung emotionaler Kompetenzen können diese Defizite ausgleichen und die Grundlage für gesündere Beziehungen schaffen.

Kommunikationstraining sollte für alle zugänglich sein, nicht nur für Paare in der Krise. Menschen sollten lernen, wie man schwierige Gespräche führt, wie man aktiv zuhört und wie man Bedürfnisse ausdrückt, ohne andere zu verletzen. Diese Fähigkeiten verbessern nicht nur romantische Beziehungen, sondern alle zwischenmenschlichen Kontakte.

Workshops und Seminare zu verschiedenen Beziehungsthemen können Menschen dabei helfen, ihre Beziehungskompetenzen zu erweitern. Themen wie Konfliktlösung, Intimität, Elternschaft oder der Umgang mit Trennung sollten in niedrigschwelligen Angeboten behandelt werden, die für alle gesellschaftlichen Schichten zugänglich sind.

Medien spielen eine wichtige Rolle bei der Beziehungsbildung. Statt nur idealisierte oder problematische Beziehungsmodelle zu zeigen, sollten sie realistische Darstellungen gesunder Partnerschaften präsentieren. Dokumentationen, Filme und Serien können Menschen dabei helfen, zu verstehen, wie funktionierende Beziehungen aussehen.

Online-Ressourcen und Apps können Beziehungsbildung demokratisieren. Hochwertige Inhalte zu Beziehungsthemen sollten kostenlos oder kostengünstig verfügbar sein. Interaktive Tools können Menschen dabei helfen, ihre eigenen Beziehungsmuster zu reflektieren und neue Verhaltensweisen zu entwickeln.

Beziehungsberatung sollte entstigmatisiert und gefördert werden. Viele Menschen scheuen sich, professionelle Hilfe zu suchen, weil sie es als Zeichen des Scheiterns betrachten. Stattdessen sollte Beziehungsberatung als normale Investition in die Beziehungsqualität verstanden werden, ähnlich wie Gesundheitsvorsorge oder Weiterbildung.

Wissenschaftliche Erkenntnisse über Beziehungen sollten besser in die Öffentlichkeit getragen werden. Die Forschung zu Partnerschaft, Familie und sozialen Bindungen liefert wertvolle Einsichten, die den meisten Menschen nicht bekannt sind. Diese Erkenntnisse sollten in verständlicher Form zugänglich gemacht werden.

Besonders wichtig ist die Aufklärung über die Unterschiede zwischen gesunden und ungesunden Beziehungsmustern. Viele Menschen können Warnsignale für toxische Beziehungen nicht erkennen oder halten destruktive Verhaltensweisen für normal. Bildung kann Menschen dabei helfen, bessere Entscheidungen zu treffen und sich vor schädlichen Beziehungen zu schützen.

Die Bildung über Bindung und Beziehungen sollte lebenslang stattfinden, da sich die Herausforderungen in verschiedenen Lebensphasen ändern. Junge Erwachsene haben andere Bedürfnisse als Menschen in der Lebensmitte oder im Alter. Entsprechend sollten die Bildungsangebote auf die verschiedenen Lebensphasen zugeschnitten sein.


## Politische Maßnahmen: Von der Familienpolitik zur Beziehungspolitik

Die Politik muss ihre Rolle bei der Förderung stabiler Beziehungen überdenken. Statt nur traditionelle Familienformen zu unterstützen, sollte eine moderne Beziehungspolitik alle Formen des Zusammenlebens fördern, die gesellschaftlich wertvoll sind. Dies erfordert einen paradigmatischen Wandel von der Familienpolitik zur Beziehungspolitik.

Rechtliche Rahmenbedingungen müssen an die Realität moderner Beziehungen angepasst werden. Das Ehe- und Familienrecht stammt aus einer Zeit, als die lebenslange, monogame Ehe die einzig anerkannte Beziehungsform war. Heute gibt es viele andere Formen des Zusammenlebens, die rechtliche Anerkennung und Schutz verdienen.

Wahlverwandtschaften und andere nicht-biologische Familienformen sollten rechtlich anerkannt werden. Menschen, die füreinander Verantwortung übernehmen, sollten auch rechtliche Befugnisse haben, unabhängig davon, ob sie verwandt oder verheiratet sind. Dies würde alternative Familienmodelle fördern und Menschen ermutigen, füreinander zu sorgen.

Steuerliche Anreize sollten überarbeitet werden, um alle Formen der gegenseitigen Fürsorge zu fördern, nicht nur die traditionelle Ehe. Menschen, die sich um andere kümmern – sei es als Partner, Freunde oder Wahlverwandte – sollten steuerliche Vorteile erhalten. Dies würde die gesellschaftliche Wertschätzung für Fürsorgearbeit erhöhen.

Arbeitsrecht und Sozialpolitik müssen flexibler werden. Menschen in verschiedenen Beziehungsformen haben unterschiedliche Bedürfnisse bezüglich Arbeitszeit, Urlaub und sozialer Absicherung. Die Politik sollte Regelungen schaffen, die diese Vielfalt berücksichtigen und Menschen dabei unterstützen, Beziehungen und Beruf zu vereinbaren.

Wohnungspolitik kann einen wichtigen Beitrag zur Beziehungsförderung leisten. Soziale Wohnungsbauprojekte sollten verschiedene Wohnformen unterstützen – von Single-Apartments über Wohngemeinschaften bis hin zu Mehrgenerationenhäusern. Die Stadtplanung sollte Begegnungsräume schaffen und soziale Isolation vermeiden.

Kinderbetreuung und Bildung müssen so organisiert werden, dass sie verschiedene Familienmodelle unterstützen. Statt nur auf die Kleinfamilie zu setzen, sollten Betreuungseinrichtungen auch mit Wahlverwandtschaften, Patchwork-Familien und anderen alternativen Formen zusammenarbeiten. Flexible Betreuungszeiten können verschiedene Lebensstile unterstützen.

Präventive Maßnahmen gegen Beziehungsprobleme sollten gefördert werden. Statt nur zu reagieren, wenn Beziehungen bereits zerbrochen sind, sollte die Politik in die Prävention investieren. Paarberatung, Familienmediation und andere unterstützende Angebote sollten niedrigschwellig und kostengünstig verfügbar sein.

Demografiepolitik muss ehrlicher werden. Statt unrealistisch hohe Geburtenzahlen zu versprechen, sollte die Politik alternative Wege zur gesellschaftlichen Stabilität entwickeln. Zuwanderung, längere Lebensarbeitszeit und andere Anpassungen können demografische Probleme abmildern.

Einsamkeitsprävention sollte zu einem eigenständigen Politikbereich werden. Großbritannien hat bereits ein Ministerium für Einsamkeit eingerichtet. Deutschland sollte diesem Beispiel folgen und systematische Maßnahmen gegen die gesellschaftliche Isolation entwickeln. Dies könnte von Nachbarschaftsprogrammen bis zu speziellen Angeboten für alleinstehende ältere Menschen reichen.

Medien- und Technologiepolitik kann die Beziehungskultur beeinflussen. Regulierungen für Dating-Apps, Schutz vor manipulativen Algorithmen und Förderung von Technologien, die echte Verbindungen unterstützen, können positive Veränderungen bewirken. Die Politik sollte auch die

Auswirkungen sozialer Medien auf Beziehungen erforschen und gegebenenfalls gegensteuern.

Internationale Kooperation kann beim Erfahrungsaustausch helfen. Verschiedene Länder experimentieren mit unterschiedlichen Ansätzen zur Beziehungsförderung. Ein systematischer Austausch von best practices kann allen Beteiligten helfen, effektivere Maßnahmen zu entwickeln.

Die Politik muss auch bereit sein, unpopuläre Wahrheiten auszusprechen. Die Idealisierung des Single-Lebens und die Ablehnung von Verpflichtungen haben gesellschaftliche Kosten, die offen diskutiert werden müssen. Eine ehrliche Debatte über die Grenzen des Individualismus ist notwendig.


**Unternehmen und Work-Life-Balance**

Unternehmen spielen eine entscheidende Rolle bei der Gestaltung der Lebensbedingungen ihrer Mitarbeiter. Da Menschen einen großen Teil ihrer Zeit am Arbeitsplatz verbringen, haben Unternehmensrichtlinien erhebliche Auswirkungen auf ihre Möglichkeiten, Beziehungen zu pflegen und Familien zu gründen.

Flexible Arbeitszeiten und Homeoffice-Möglichkeiten können Menschen dabei helfen, Beruf und Beziehungen besser zu vereinbaren. Wenn Mitarbeiter ihre Arbeitszeit flexibel gestalten können, haben sie mehr Möglichkeiten, Zeit mit ihren Partnern und Familien zu verbringen. Dies kann die Beziehungsqualität erheblich verbessern.

Sabbaticals und längere Auszeiten sollten nicht nur für Weiterbildung, sondern auch für Beziehungs- und Familienphasen gewährt werden. Menschen sollten die Möglichkeit haben, sich zeitweise aus dem Beruf zurückzuziehen, um sich auf wichtige Beziehungsarbeit zu konzentrieren, ohne dadurch ihre Karriere zu gefährden.

Kinderbetreuung am Arbeitsplatz oder in Kooperation mit dem Arbeitgeber kann Eltern entlasten und ihnen helfen, Familie und Beruf zu vereinbaren. Unternehmen, die in die Familienfreundlichkeit investieren, profitieren von motivierteren und loyaleren Mitarbeitern.

Führungskultur muss sich ändern. Vorgesetzte, die ständige Erreichbarkeit erwarten und Überstunden glorifizieren, zerstören die Work-Life-Balance ihrer Mitarbeiter. Stattdessen sollten Führungskräfte dabei helfen, gesunde Grenzen zwischen Arbeit und Privatleben zu etablieren.

Team-Building-Maßnahmen können echte zwischenmenschliche Verbindungen fördern. Statt oberflächlicher Events sollten Unternehmen Aktivitäten organisieren, die tiefere Beziehungen zwischen Kollegen ermöglichen. Starke Arbeitsbeziehungen können ein wichtiger Teil des sozialen Netzwerks von Menschen werden.

Mentoring-Programme können quasi-familiäre Beziehungen am Arbeitsplatz fördern. Erfahrene Mitarbeiter können jüngere Kollegen nicht nur fachlich, sondern auch persönlich unterstützen. Diese Beziehungen können über den Arbeitsplatz hinaus Bestand haben und wichtige soziale Bindungen schaffen.

Gesundheitsprogramme sollten auch die psychische und soziale Gesundheit einbeziehen. Statt nur Fitnessstudios und Gesundheitschecks anzubieten, können Unternehmen auch Beziehungsberatung, Stressmanagement und Programme zur Förderung sozialer Kompetenzen unterstützen.

Diversität und Inklusion können Menschen mit verschiedenen Lebensentwürfen unterstützen. Unternehmen sollten nicht nur Singles oder traditionelle Familien im Blick haben, sondern auch alternative Lebensformen anerkennen und unterstützen. Dies kann von flexiblen Urlaubsregelungen bis zu inklusiven Sozialleistungen reichen.

Recruiting-Praktiken sollten überprüft werden. Wenn Unternehmen nur noch hochflexible, ständig verfügbare Mitarbeiter suchen, schaffen sie Anreize für beziehungsarme Lebensstile. Stattdessen sollten sie auch Menschen mit Familienverpflichtungen und sozialen Bindungen wertschätzen.

Unternehmenskultur kann Beziehungen fördern oder behindern. Kulturen, die Einzelkämpfertum und rücksichtslosen Wettbewerb fördern, zerstören soziale Bindungen. Stattdessen sollten Unternehmen Kooperation, Empathie und gegenseitige Unterstützung fördern.

Standortpolitik hat Auswirkungen auf Beziehungen. Unternehmen, die ständige Umzüge oder lange Dienstreisen verlangen, erschweren den

Aufbau stabiler sozialer Netzwerke. Bei Personalentscheidungen sollten auch die sozialen Kosten berücksichtigt werden.

Corporate Social Responsibility kann auf Beziehungsförderung ausgeweitet werden. Unternehmen können lokale Gemeinschaftsprojekte unterstützen, Nachbarschaftsinitiativen fördern oder Räume für soziale Begegnungen schaffen. Dies stärkt sowohl die Unternehmensreputation als auch das soziale Umfeld.


## Individuelle Strategien für stabilere Beziehungen

Trotz aller gesellschaftlichen Veränderungen liegt die Verantwortung für gesunde Beziehungen bei den Individuen. Menschen können konkrete Schritte unternehmen, um ihre Beziehungsfähigkeit zu verbessern und stabilere Verbindungen aufzubauen.

Selbstreflexion ist der erste Schritt zu besseren Beziehungen. Menschen sollten ihre eigenen Bindungsmuster verstehen, ihre Erwartungen reflektieren und ihre Beiträge zu Beziehungsproblemen erkennen. Ehrliche Selbstanalyse kann schmerzhaft sein, ist aber notwendig für Veränderung.

Kommunikationsfähigkeiten können systematisch entwickelt werden. Menschen können lernen, ihre Bedürfnisse klar auszudrücken, aktiv zuzuhören und Konflikte konstruktiv zu lösen. Diese Fähigkeiten sind erlernbar und verbessern sich mit der Übung.

Realistische Erwartungen sind entscheidend für Beziehungserfolg. Menschen sollten verstehen, dass alle Beziehungen Arbeit erfordern und dass kein Partner perfekt ist. Die Fähigkeit, Unperfektion zu akzeptieren und trotzdem zu lieben, ist ein Zeichen emotionaler Reife.

Investition in Beziehungen bedeutet, Zeit und Energie für andere Menschen aufzuwenden. Beziehungen entstehen nicht von selbst, sondern müssen gepflegt werden. Menschen sollten bewusst Zeit für ihre Partner, Freunde und Familie einplanen und diese Termine genauso ernst nehmen wie berufliche Verpflichtungen.

Konfliktfähigkeit muss entwickelt werden. Viele Menschen meiden Konflikte oder führen sie destruktiv. Stattdessen sollten sie lernen,

Meinungsverschiedenheiten als Chance für Wachstum und Verständnis zu betrachten. Gesunde Konflikte stärken Beziehungen, anstatt sie zu schwächen.

Verletzlichkeit zulassen ist ein Akt des Mutes, der echte Intimität ermöglicht. Menschen sollten lernen, ihre Ängste, Unsicherheiten und Bedürfnisse zu zeigen, anstatt sich hinter einer Fassade zu verstecken. Verletzlichkeit macht Menschen liebenswert und beziehungsfähig.

Grenzen setzen ist genauso wichtig wie sich zu öffnen. Menschen sollten ihre eigenen Grenzen kennen und kommunizieren, was sie akzeptieren können und was nicht. Gesunde Grenzen schützen vor Ausbeutung und schaffen Respekt in Beziehungen.

Empathie kann systematisch entwickelt werden. Menschen können lernen, sich in andere hineinzuversetzen, deren Perspektiven zu verstehen und emotional angemessen zu reagieren. Empathie ist eine der wichtigsten Grundlagen für alle zwischenmenschlichen Beziehungen.

Achtsamkeit hilft dabei, präsent in Beziehungen zu sein. Statt ständig abgelenkt oder mit anderen Dingen beschäftigt zu sein, sollten Menschen lernen, vollständig anwesend zu sein, wenn sie mit anderen zusammen sind. Diese Präsenz ist ein Geschenk und stärkt Bindungen.

Dankbarkeit und Wertschätzung sollten regelmäßig ausgedrückt werden. Menschen neigen dazu, Selbstverständlichkeiten als gegeben hinzunehmen. Bewusste Anerkennung und Dankbarkeit für das, was andere beitragen, stärkt die emotionale Verbindung.

Professionelle Hilfe sollte rechtzeitig gesucht werden. Therapie oder Beratung sind keine Zeichen des Scheiterns, sondern Investitionen in die Beziehungsqualität. Menschen sollten lernen, professionelle Unterstützung zu nutzen, bevor Probleme unlösbar werden.

Soziale Netzwerke sollten bewusst gepflegt werden. Menschen brauchen nicht nur romantische Partner, sondern auch Freunde, Familie und andere soziale Verbindungen. Die Pflege eines vielfältigen sozialen Netzwerks reduziert den Druck auf einzelne Beziehungen und bietet emotionale Sicherheit.

Die Wege aus der Beziehungskrise sind vielfältig und erfordern Engagement auf verschiedenen Ebenen. Von der individuellen Selbstentwicklung über Unternehmensrichtlinien bis hin zu politischen Reformen – alle gesellschaftlichen Akteure können einen Beitrag leisten. Der Schlüssel liegt darin, die Bedeutung von Beziehungen wieder zu erkennen und bewusst in sie zu investieren.

Veränderung ist möglich, aber sie erfordert Zeit, Geduld und die Bereitschaft, gewohnte Muster zu durchbrechen. Die Alternative – eine zunehmend atomisierte und einsame Gesellschaft – sollte Motivation genug sein, um die notwendigen Schritte zu unternehmen.

KAPITEL 14: MANN ARBEIT, FRAU HERD UND KINDER - WAR
FRÜHER ALLES BESSER?

In der Diskussion um die moderne Beziehungskrise wird oft nostalgisch auf vergangene Zeiten geblickt, in denen die Rollen klar verteilt waren: Der Mann ging arbeiten und verdiente das Geld, die Frau blieb zu Hause, kümmerte sich um Kinder und Haushalt. Diese traditionelle Arbeitsteilung wird häufig als goldenes Zeitalter der Familienharmonie verklärt. Doch eine ehrliche Betrachtung zeigt, dass dieses Modell zwar manche Probleme löste, aber andere, oft schwerwiegendere schuf.

**Das traditionelle Modell: Scheinbare Klarheit und Stabilität**

Die traditionelle Geschlechterrollenverteilung bot in der Tat gewisse Vorteile, die in der heutigen Diskussion nicht völlig von der Hand zu weisen sind. Das System war klar strukturiert und ließ wenig Raum für Verwirrung über Zuständigkeiten und Erwartungen. Jeder wusste, was von ihm erwartet wurde, und konnte sich entsprechend darauf vorbereiten und spezialisieren.

Für die Gesellschaft als Ganzes funktionierte dieses Modell in mancher Hinsicht effizient. Die klare Arbeitsteilung zwischen den Geschlechtern ermöglichte eine Art von Spezialisierung: Männer konnten sich vollständig auf ihre berufliche Entwicklung konzentrieren, während Frauen sich auf die Optimierung des häuslichen Bereichs fokussierten. Diese Spezialisierung führte zu einer gewissen Expertise in den jeweiligen Bereichen.

Die Kinderbetreuung war in diesem System oft intensiver und kontinuierlicher. Kinder hatten eine Hauptbezugsperson, die ständig verfügbar war und sich Vollzeit um ihre Bedürfnisse kümmern konnte. Dies schuf emotionale Sicherheit und Stabilität in den prägenden Jahren. Viele Menschen, die in solchen Strukturen aufgewachsen sind, berichten von einem starken Gefühl der Geborgenheit und Vorhersagbarkeit.

Auch praktisch hatte das System Vorteile. Ein Haushalt mit einer Person, die sich hauptberuflich um die häuslichen Belange kümmerte, funktionierte oft reibungsloser als moderne Doppelverdiener-Haushalte, in denen alle Aufgaben nach Feierabend erledigt werden müssen. Das Essen war pünktlich auf dem Tisch, die Wäsche war gewaschen, und der Mann konnte sich nach der Arbeit entspannen.

Die Ehen in diesem System waren statistisch gesehen stabiler. Scheidungen waren seltener, nicht nur wegen gesellschaftlicher Tabus, sondern auch wegen der praktischen Schwierigkeit für Frauen, eine Ehe zu beenden. Diese Stabilität bot Sicherheit für alle Familienmitglieder und schuf verlässliche Strukturen für die Kindererziehung.

Männer in diesem System hatten klare Erfolgsmaßstäbe und gesellschaftliche Anerkennung für ihre Rolle als Ernährer. Ihr Selbstwert war direkt mit ihrer Fähigkeit verknüpft, die Familie zu versorgen, was vielen eine klare Identität und einen Sinn für ihre Arbeit gab. Sie mussten sich keine Gedanken über Hausarbeit oder Kinderbetreuung machen und konnten ihre Energie vollständig in ihre berufliche Entwicklung investieren.

Die Geschlechterrollen waren gesellschaftlich anerkannt und unterstützt. Es gab wenig Rechtfertigungsdruck und kaum Diskussionen über die "richtige" Lebensweise. Diese gesellschaftliche Einigkeit schuf eine Art von sozialer Harmonie, die heute oft fehlt.

**Die Kehrseite: Massive Nachteile für Frauen**

Doch diese scheinbare Idylle hatte einen hohen Preis, den vor allem die Frauen zu zahlen hatten. Das traditionelle Rollenmodell war fundamental ungerecht und beschnitt die Lebenschancen der Hälfte der Bevölkerung auf drastische Weise.

Die fehlende finanzielle Eigenständigkeit war das vielleicht schwerwiegendste Problem. Frauen waren vollständig von ihren Ehemännern abhängig und hatten keinerlei eigene finanzielle Sicherheit. Sie konnten nicht über Geld verfügen, keine eigenen Investitionen tätigen und waren bei allen größeren Anschaffungen auf die Zustimmung ihrer Männer angewiesen. Diese finanzielle Abhängigkeit machte sie zu Bittstellerinnen im eigenen Leben.

Die Altersvorsorge war ein besonders kritischer Punkt. Frauen, die nie erwerbstätig waren, hatten keine eigenen Rentenansprüche und waren im Alter vollständig auf ihre Ehemänner oder auf minimale staatliche Unterstützung angewiesen. Verwitwete Frauen standen oft vor dem finanziellen Ruin, besonders wenn der Ehemann keine ausreichenden Ersparnisse hinterlassen hatte.

Bei Trennung oder Scheidung waren Frauen meist völlig hilflos. Ohne eigene Berufserfahrung, ohne Ersparnisse und oft ohne verwertbare Qualifikationen standen sie vor dem Nichts. Diese praktische Unmöglichkeit, die Ehe zu verlassen, bedeutete, dass viele Frauen in unglücklichen oder sogar gewalttätigen Beziehungen gefangen waren.

Die gesellschaftliche Isolation war ein weiteres großes Problem. Frauen, die den ganzen Tag zu Hause verbrachten, hatten wenig Kontakt zur Außenwelt. Ihre sozialen Kontakte beschränkten sich oft auf andere Hausfrauen in der Nachbarschaft und gelegentliche Familienereignisse. Diese Isolation führte häufig zu Depressionen und dem Gefühl, vom Leben abgeschnitten zu sein.

Intellektuelle Stimulation und persönliche Entwicklung waren in diesem System kaum möglich. Viele hochintelligente und talentierte Frauen mussten ihre Fähigkeiten brachliegen lassen und sich mit der Routine des Haushalts begnügen. Das Gefühl, das eigene Potenzial nicht ausschöpfen zu können, führte zu tiefgreifender Frustration und dem, was Betty Friedan als "the problem that has no name" bezeichnete.

Berufliche Bestätigung und Anerkennung fehlten völlig. Während Männer für ihre beruflichen Leistungen gelobt und befördert wurden, erhielten Frauen bestenfalls Anerkennung für ihre Rolle als Mutter und Hausfrau. Diese Anerkennung war jedoch oft oberflächlich und konnte das Gefühl der Sinnlosigkeit und Unterforderung nicht kompensieren.

Die rechtliche Stellung von Frauen war erschreckend schwach. In vielen Ländern konnten Frauen bis weit in das 20. Jahrhundert hinein nicht ohne die Zustimmung ihrer Ehemänner arbeiten, Verträge abschließen oder ein Bankkonto eröffnen. Sie waren rechtlich ihren Ehemännern untergeordnet und hatten wenig Schutz vor Missbrauch oder Willkür.

Bildung und Qualifikation wurden Frauen oft verwehrt oder als unnötig betrachtet. Universitäten akzeptierten keine Frauen oder nur in sehr begrenztem Umfang. Diese systematische Bildungsbenachteiligung perpetuierte die Abhängigkeit und machte es praktisch unmöglich, aus dem traditionellen Rollenmodell auszubrechen.

## Probleme für Männer im traditionellen System

Auch wenn Männer in dem traditionellen System privilegiert waren, brachte es auch für sie erhebliche Nachteile mit sich. Diese werden in der nostalgischen Rückschau oft übersehen, waren aber real und belastend.

Der Druck als alleiniger Ernährer war enorm. Männer trugen die gesamte finanzielle Verantwortung für ihre Familien und konnten sich keine beruflichen Misserfolge oder Ausfälle leisten. Diese Last führte oft zu chronischem Stress, Gesundheitsproblemen und dem Gefühl, austauschbar zu sein. Ihr Wert wurde ausschließlich über ihre Fähigkeit definiert, Geld zu verdienen.

Emotionale Entwicklung und Expressivität wurden systematisch unterdrückt. Männer sollten stark, rational und unempfindlich sein. Emotionale Bedürfnisse, Verletzlichkeit oder Schwäche waren nicht akzeptiert. Diese emotionale Verkümmerung führte zu Problemen in der Kommunikation und zu einer Entfremdung von den eigenen Gefühlen.

Die Beziehung zu den eigenen Kindern war oft oberflächlich und distanziert. Väter waren hauptsächlich Autoritätsfiguren und Ernährer, aber nicht aktiv in die tägliche Erziehung eingebunden. Viele Männer bereuten später, die Kindheit ihrer Kinder verpasst zu haben, und litten unter der emotionalen Distanz zu ihren Familien.

Berufliche Flexibilität war praktisch nicht vorhanden. Männer konnten sich keine Karrierepausen erlauben, nicht das Arbeitspensum reduzieren oder alternative Lebenswege einschlagen. Sie waren in ihrer Ernährerrolle gefangen und hatten wenig Möglichkeiten zur Selbstverwirklichung jenseits des Berufs.

Gesundheitliche Probleme wurden oft ignoriert oder unterdrückt. Die Erwartung, stark und unverwundbar zu sein, führte dazu, dass Männer ihre körperlichen und psychischen Probleme vernachlässigten. Die durchschnittliche Lebenserwartung von Männern war entsprechend niedriger als die von Frauen.

**Warum das traditionelle Modell heute nicht mehr funktioniert**

Selbst wenn man alle Probleme des traditionellen Rollenmodells außer Acht ließe, wäre es heute aus praktischen Gründen nicht mehr durchführbar. Die wirtschaftlichen und gesellschaftlichen Rahmenbedingungen haben sich so fundamental geändert, dass eine Rückkehr zu diesem Modell unmöglich geworden ist.

Die Lebenshaltungskosten sind so gestiegen, dass ein Einverdienerhaushalt für die meisten Familien nicht mehr finanzierbar ist. Immobilienpreise, Bildungskosten und andere wesentliche Ausgaben erfordern heute meist zwei Vollzeiteinkommen. Selbst Familien, die gerne das traditionelle Modell leben möchten, können es sich oft nicht leisten.

Die Arbeitswelt hat sich grundlegend verändert. Lebenslange Beschäftigung bei einem Arbeitgeber ist selten geworden, und die Jobsicherheit ist gesunken. Ein System, das auf der Annahme basiert, dass der Mann ein stabiles, ausreichendes Einkommen bis zur Rente haben wird, ist heute unrealistisch.

Die gesellschaftlichen Erwartungen haben sich verschoben. Frauen sind heute genauso gut ausgebildet wie Männer und haben legitimerweise Anspruch auf berufliche Entwicklung und gesellschaftliche Teilhabe. Diese Erwartungen lassen sich nicht einfach rückgängig machen, ohne massive gesellschaftliche Konflikte zu provozieren.

Die demografische Entwicklung macht das traditionelle Modell problematisch. Längere Lebenserwartung, spätere Eheschließung und weniger Kinder verändern die Zeitspannen, in denen das traditionelle Modell überhaupt relevant wäre. Wenn Frauen nur noch ein oder zwei Kinder bekommen und diese früh selbstständig werden, bleibt viel Lebenszeit übrig, die anders genutzt werden möchte.

Technologische Entwicklungen haben die Hausarbeit drastisch reduziert. Waschmaschinen, Geschirrspüler, Fertigprodukte und andere Innovationen haben die häusliche Arbeit so weit automatisiert, dass sie keine

Vollzeittätigkeit mehr rechtfertigt. Eine intelligente Frau würde sich heute zu Recht unterfordert fühlen, wenn sie ihre ganze Zeit mit Hausarbeit verbringen müsste.

### Was können wir aus dem traditionellen Modell lernen?

Trotz aller berechtigten Kritik am traditionellen Rollenmodell gibt es einige Aspekte, die in einer modernen Beziehungsgestaltung berücksichtigt werden sollten. Es geht nicht darum, zu alten Zeiten zurückzukehren, sondern darum, die positiven Elemente zu identifizieren und in zeitgemäßer Form zu integrieren.

Die Spezialisierung hatte durchaus Vorteile. Wenn beide Partner verschiedene Bereiche der Lebensführung übernehmen und darin Expertise entwickeln, kann das effizienter sein, als wenn beide alles parallel machen. Moderne Paare können sich bewusst für eine Aufgabenteilung entscheiden, die ihre jeweiligen Stärken und Interessen berücksichtigt, ohne dass diese Teilung geschlechtsspezifisch sein muss.

Die Kontinuität in der Kinderbetreuung war wertvoll. Kinder profitieren von stabilen Bezugspersonen und verlässlichen Strukturen. Moderne Eltern können versuchen, diese Kontinuität zu schaffen, auch wenn beide berufstätig sind – etwa durch flexible Arbeitszeiten, geteilte Elternzeit oder stabile externe Betreuung.

Die klaren Erwartungen reduzierten Konflikte. Wenn beide Partner wissen, was von ihnen erwartet wird, entstehen weniger Missverständnisse und Streitigkeiten. Moderne Paare können von bewussten Vereinbarungen über Aufgabenverteilung und Rollen profitieren, auch wenn diese flexibel und gleichberechtigt gestaltet werden.

Die gesellschaftliche Unterstützung für Familien war stärker. Das traditionelle Modell wurde von sozialen Normen und praktischen Strukturen unterstützt. Heute fehlt diese Unterstützung oft, was Familien zusätzlich belastet. Gesellschaft und Politik sollten neue Formen der Familienunterstützung entwickeln, die moderne Realitäten berücksichtigen.

Die Wertschätzung für häusliche Arbeit war höher. Auch wenn die Ausführung ungerecht verteilt war, wurde die Bedeutung von

Haushaltsführung und Kinderbetreuung gesellschaftlich anerkannt. Heute wird diese Arbeit oft als nebensächlich betrachtet, was zu ihrer Geringschätzung und unfairen Verteilung beiträgt.

**Der Weg nach vorn: Gleichberechtigung ohne Nostalgie**

Die Lösung für die heutigen Beziehungsprobleme liegt nicht in einer Rückkehr zu überholten Rollenmodellen, sondern in der Entwicklung neuer Formen der Partnerschaft, die sowohl Gleichberechtigung als auch Stabilität ermöglichen. Dabei können wir aus den positiven Aspekten traditioneller Modelle lernen, ohne deren Nachteile zu übernehmen.

Moderne Partnerschaften sollten auf bewussten Vereinbarungen basieren, nicht auf automatischen Rollenerwartungen. Paare können sich für Aufgabenteilungen entscheiden, die ihre individuellen Stärken, Interessen und Lebensumstände berücksichtigen. Diese Vereinbarungen sollten regelmäßig überprüft und angepasst werden können.

Flexibilität und Anpassungsfähigkeit sind in der modernen Welt wichtiger als starre Rollen. Partnerschaften müssen mit sich verändernden Lebensumständen, Karriereanforderungen und Lebensphasen umgehen können. Die Fähigkeit zur Neuverhandlung und Anpassung ist wichtiger als die ursprüngliche Rollenverteilung.

Gleichberechtigung bedeutet nicht, dass beide Partner alles gleich machen müssen. Sie bedeutet, dass beide die gleichen Rechte und Möglichkeiten haben und dass Entscheidungen gemeinsam getroffen werden. Spezialisierung und Aufgabenteilung sind möglich, solange sie auf freier Wahl und gegenseitigem Respekt basieren.

Die Gesellschaft muss neue Strukturen entwickeln, die verschiedene Familienmodelle unterstützen. Statt nostalgisch zu traditionellen Formen zurückzublicken, sollten wir innovative Lösungen für moderne Herausforderungen entwickeln. Dies kann von flexiblen Arbeitszeiten über neue Formen der Kinderbetreuung bis zu rechtlichen Anerkennungen alternativer Lebensformen reichen.

Die traditionelle Geschlechterrollenverteilung war kein goldenes Zeitalter, sondern ein System mit klaren Gewinnern und Verlierern. Während es manche Probleme löste, schuf es andere, schwerwiegendere. Die Herausforderung liegt darin, neue Modelle zu entwickeln, die die positiven Aspekte von Stabilität und Klarheit mit den modernen Erfordernissen von Gleichberechtigung und Flexibilität verbinden.

Die Sehnsucht nach der vermeintlich einfacheren Vergangenheit ist verständlich, aber sie darf nicht dazu führen, dass wir die mühsam erkämpften Fortschritte in der Gleichberechtigung aufgeben. Stattdessen sollten wir vorwärtsschauen und neue Formen des Zusammenlebens entwickeln, die sowohl den Bedürfnissen von Männern als auch von Frauen gerecht werden.

**Die räumliche Dimension des gesellschaftlichen Wandels**

Der Trend zur Singularisierung und die zunehmende Präferenz für ambulante statt stationäre Beziehungen hinterlassen deutliche Spuren in unseren Städten. Was zunächst als soziologisches Phänomen erscheint, manifestiert sich konkret in Beton, Stahl und Glas. Stadtplaner und Architekten stehen vor der Herausforderung, eine Gesellschaft zu beherbergen, die ihre Grundstruktur fundamental wandelt.

Die traditionelle Kernfamilie als dominante Wohnform verliert an Bedeutung, während Single-Haushalte zur neuen Normalität werden. Diese Entwicklung zwingt Städte dazu, ihre gesamte Infrastruktur zu überdenken – von der Wohnraumplanung über die Verkehrskonzepte bis hin zur Gestaltung öffentlicher Räume.

**Wohnraum im Wandel: Quantität vor Intimität**
**Der Trend zu kleineren Wohneinheiten**

Die steigende Zahl von Ein-Personen-Haushalten führt zu einem grundlegenden Paradigmenwechsel in der Wohnraumplanung. Während früher Drei- bis Vier-Zimmer-Wohnungen für Familien den Standard bildeten, steigt die Nachfrage nach kleineren, funktional optimierten Wohneinheiten stetig an. Studio-Apartments, Ein-Zimmer-Wohnungen und kompakte Zweizimmerwohnungen prägen zunehmend das Angebot auf dem Wohnungsmarkt.

Diese Entwicklung bringt sowohl Chancen als auch Probleme mit sich. Einerseits ermöglicht die höhere Wohnungsdichte eine effizientere Nutzung verfügbarer Flächen in bereits erschlossenen Stadtgebieten. Andererseits führt die Fragmentierung großer Wohnungen in kleinere Einheiten zu neuen infrastrukturellen Anforderungen. Jede zusätzliche Wohneinheit benötigt separate Anschlüsse für Strom, Wasser, Heizung und Telekommunikation, was die technische Gebäudeausstattung komplexer und kostspieliger macht.

## Architektonische Anpassungen

Die Architektur reagiert auf diese Nachfrage mit innovativen Raumkonzepten. Multifunktionale Möbel, ausklappbare Betten, integrierte Arbeitsplätze und modulare Aufbewahrungssysteme maximieren die Nutzbarkeit begrenzter Quadratmeter. Gleichzeitig gewinnen gemeinschaftlich nutzbare Bereiche in Wohngebäuden an Bedeutung – Waschküchen, Arbeitsräume, Dachterrassen und Gemeinschaftsküchen kompensieren den reduzierten privaten Raum.

Diese architektonischen Lösungen spiegeln die ambulante Beziehungskultur wider: Der private Rückzugsort wird minimiert, während flexibel nutzbare Begegnungsräume geschaffen werden, die temporäre Kontakte ermöglichen, ohne dauerhafte Bindungen zu erfordern.


## Infrastrukturelle Herausforderungen
## Versorgungsnetze unter Druck

Die Proliferation kleinerer Wohneinheiten stellt die städtische Infrastruktur vor erhebliche Herausforderungen. Bestehende Versorgungsnetze für Strom, Gas, Wasser und Abwasser müssen häufiger angezapft und feiner verteilt werden. Dies führt zu höheren Wartungskosten und erfordert teilweise den Ausbau der Grundversorgung in bereits dicht besiedelten Gebieten.

Besonders problematisch erweist sich die Abfallentsorgung. Mehr Haushalte produzieren nicht zwangsläufig mehr Abfall pro Kopf, aber sie erzeugen mehr Abfallbehälter und -standorte, die in die städtische Logistik integriert werden müssen. Die Effizienz der Müllabfuhr sinkt, wenn statt eines Containers für eine vierköpfige Familie nun vier separate Behälter für vier Single-Haushalte geleert werden müssen.

**Telekommunikation und Digitalisierung**

Die zunehmende Singularisierung geht Hand in Hand mit einer intensiveren Nutzung digitaler Kommunikationstechnologien. Jeder Single-Haushalt benötigt einen eigenen Internetanschluss, oft mit höherer Bandbreite als traditionelle Familienhaushalte, da die digitale Vernetzung die physische Nähe zu anderen Menschen kompensiert. Dies verstärkt den Druck auf die Telekommunikationsinfrastruktur und erfordert den Ausbau von Glasfasernetzen und 5G-Abdeckung.

**Verkehr und Mobilität: Die Stadt der Einzelgänger Individualisierung des Verkehrs**

Der gesellschaftliche Trend zum Egoismus manifestiert sich deutlich in den städtischen Verkehrsströmen. Während Familien oft ein Fahrzeug gemeinsam nutzen und Fahrgemeinschaften bilden, bevorzugen Singles individuelle Mobilitätslösungen. Dies führt zu einer höheren Pro-Kopf-Belastung der Verkehrsinfrastruktur, da mehr Einzelfahrten getätigt werden.

Gleichzeitig verändert sich das Mobilitätsverhalten qualitativ. Singles sind tendenziell flexibler in ihren Tagesabläufen und nutzen häufiger spontane Transportmittel wie Car-Sharing, E-Scooter oder Ride-Hailing-Dienste. Diese neuen Mobilitätsformen erfordern entsprechende Infrastruktur: Ladestationen für Elektrofahrzeuge, Abstellplätze für Sharing-Fahrzeuge und digitale Verkehrsleitsysteme.

**Öffentlicher Verkehr im Wandel**

Der öffentliche Personennahverkehr muss sich an die veränderten Nutzungsmuster anpassen. Singles fahren seltener zu festen Zeiten wie dem klassischen Berufsverkehr, sondern verteilen ihre Fahrten gleichmäßiger über den Tag. Dies erfordert eine flexiblere Taktung und möglicherweise kleinere, dafür häufiger verkehrende Fahrzeuge.

Zudem steigen die Anforderungen an Komfort und Sicherheit im öffentlichen Verkehr. Alleinreisende fühlen sich vulnerabler und erwarten gut beleuchtete, überwachte Haltestellen sowie zuverlässige Verbindungen auch zu späteren Stunden.


**Einzelhandel und Dienstleistungen: Service für die Sologesellschaft**
**Dezentralisierung des Konsums**

Die Singularisierung der Gesellschaft verändert auch die kommerzielle Landschaft der Städte. Große Supermärkte und Kaufhäuser, die auf Familieneinkäufe ausgerichtet sind, verlieren an Bedeutung. Stattdessen steigt die Nachfrage nach kleineren, spezialisierten Geschäften und Convenience-Stores, die schnelle, unkomplizierte Einkäufe ermöglichen.

Diese Entwicklung führt zu einer stärkeren Durchmischung von Wohn- und Gewerbegebieten. Single-Haushalte bevorzugen kurze Wege und erwarten Geschäfte und Dienstleistungen in fußläufiger Entfernung. Dies fördert das Konzept der "15-Minuten-Stadt", in der alle wichtigen Bedürfnisse des täglichen Lebens innerhalb einer kurzen Distanz erfüllt werden können.


**Neue Dienstleistungskonzepte**

Der ambulante Lebensstil erfordert neue Dienstleistungsangebote. Wäschereien, Reinigungen, Reparaturdienste und Lieferservices gewinnen an Bedeutung, da Singles weniger Zeit und Motivation für Haushaltstätigkeiten aufbringen. Co-Working-Spaces, Fitness-Studios mit flexiblen Mitgliedschaften und temporäre Veranstaltungsräume ergänzen das Angebot für eine Gesellschaft, die Flexibilität über Beständigkeit stellt.

**Öffentliche Räume: Begegnung ohne Bindung**
**Parks und Plätze für Individualisten**

Die Gestaltung öffentlicher Räume muss den veränderten sozialen Bedürfnissen Rechnung tragen. Während traditionelle Stadtplätze oft auf Gemeinschaftsaktivitäten und familiäre Nutzung ausgerichtet waren, benötigen Singles Räume, die sowohl Begegnungen ermöglichen als auch individuellen Rückzug bieten.

Moderne Parkgestaltung integriert daher vermehrt Einzelarbeitsplätze, kleine Nischen und flexible Sitzgelegenheiten, die je nach Bedarf für soziale Interaktion oder Isolation genutzt werden können. Free-WiFi und Ladestationen für mobile Geräte werden zu Standardausstattung, da öffentliche Räume zunehmend als erweiterte Wohn- und Arbeitsräume fungieren.

**Sicherheit und Überwachung**

Die steigende Zahl alleinlebender Menschen erhöht die Anforderungen an die Sicherheit öffentlicher Räume. Gut ausgeleuchtete Wege, strategisch platzierte Überwachungskameras und regelmäßige Sicherheitsstreifen werden wichtiger, da Menschen, die allein unterwegs sind, sich verwundbarer fühlen.

Gleichzeitig müssen öffentliche Räume so gestaltet werden, dass sie zu verschiedenen Tageszeiten belebt sind. Leere Plätze und Parks wirken auf Einzelpersonen abschreckend, weshalb eine Mischnutzung aus Gastronomie, Einzelhandel und Kultur gefördert wird, um kontinuierliche Frequentierung zu gewährleisten.

**Soziale Infrastruktur: Institutionen im Umbruch**
**Bildungs- und Kultureinrichtungen**

Bibliotheken, Museen, Theater und andere Kultureinrichtungen müssen ihre Angebote an eine individualisierte Gesellschaft anpassen.

Während früher Familien- und Gruppenaktivitäten im Vordergrund standen, steigt die Nachfrage nach selbstgesteuerten, flexiblen Bildungs- und Kulturangeboten.

Bibliotheken entwickeln sich zu multifunktionalen Lern- und Arbeitsräumen mit Einzelarbeitsplätzen, während Museen verstärkt auf interaktive, personalisierte Erfahrungen setzen. Diese Institutionen fungieren zunehmend als "dritte Orte" zwischen Wohnung und Arbeitsplatz, wo Singles sozialen Kontakt pflegen können, ohne sich zu Kontinuität verpflichten zu müssen.


### Gesundheits- und Pflegedienste

Das Gesundheitswesen muss sich an eine Gesellschaft anpassen, in der immer mehr Menschen ohne familiäre Unterstützungsstrukturen leben. Dies erfordert den Ausbau ambulanter Pflegedienste, telemedizinischer Angebote und niedrigschwelliger Gesundheitsdienstleistungen.

Gleichzeitig steigt die Bedeutung präventiver Gesundheitsangebote, da Singles seltener durch Familienmitglieder auf gesundheitliche Probleme aufmerksam gemacht werden. Gesundheitszentren, Apotheken und Fitness-Einrichtungen werden strategisch in Wohngebieten mit hohem Single-Anteil positioniert.


### Nachhaltigkeit und Ressourceneffizienz
### Der ökologische Fußabdruck der Singularisierung

Die Proliferation von Single-Haushalten bringt erhebliche ökologische Herausforderungen mit sich. Kleinere Wohnungen haben zwar einen geringeren absoluten Energieverbrauch, aber einen höheren Pro-Kopf-Verbrauch als Familienwohnungen. Jeder Haushalt benötigt grundlegende Geräte wie Kühlschrank, Waschmaschine und Heizung, unabhängig von der Personenzahl.

Stadtplaner müssen daher verstärkt auf energieeffiziente Gebäudetechnik und nachhaltige Energiesysteme setzen. Mikro-Wärmepumpen, dezentrale Energieerzeugung und intelligente Stromnetze können helfen, den erhöhten Ressourcenverbrauch zu kompensieren.

### Sharing Economy als Lösungsansatz

Die Singularisierung der Gesellschaft könnte paradoxerweise zu einer stärkeren Sharing Economy führen. Da Singles viele Gegenstände nur selten nutzen, steigt die Bereitschaft zum Teilen von Werkzeugen, Fahrzeugen, Haushaltsgeräten und anderen Ressourcen.

Städte können diese Entwicklung durch die Schaffung entsprechender Infrastrukturen fördern: Geräteverleih-Stationen, Community-Werkstätten, Car-Sharing-Plätze und Nachbarschaftszentren, die das Teilen von Ressourcen erleichtern. Dies könnte den negativen ökologischen Auswirkungen der Singularisierung entgegenwirken.

### Planerische Strategien für die Zukunft
### Adaptive Stadtplanung

Die beschriebenen Entwicklungen erfordern eine neue Herangehensweise an die Stadtplanung. Statt starrer, langfristiger Masterpläne benötigen Städte adaptive Konzepte, die schnell auf veränderte demografische und soziale Bedingungen reagieren können.

Modulare Gebäudekonzepte, die je nach Bedarf zwischen großen Familienwohnungen und kleineren Single-Apartments umkonfiguriert werden können, bieten eine mögliche Lösung. Flexible Zonierungsvorschriften ermöglichen es, auf veränderte Nutzungsanforderungen zu reagieren, ohne aufwendige Planänderungsverfahren durchlaufen zu müssen.

### Integrierte Entwicklungsansätze

Die Herausforderungen der Singularisierung lassen sich nur durch integrierte Ansätze bewältigen, die Wohnen, Arbeiten, Mobilität, Konsum und Freizeit als zusammenhängendes System betrachten. Die traditionelle Trennung zwischen Wohn-, Gewerbe- und Industriegebieten wird zunehmend obsolet.

Stattdessen entstehen gemischt genutzte Quartiere, die alle Bedürfnisse des täglichen Lebens auf engem Raum vereinen. Diese "Superblocks" oder "Complete Communities" reduzieren Verkehrsaufkommen, fördern soziale Kontakte und schaffen lebenswerte Umgebungen für Menschen, die ihre sozialen Beziehungen ambulant gestalten.


### Fazit: Die Stadt als Spiegel gesellschaftlicher Transformation

Der Wandel zu einer individualistischeren Gesellschaft mit ambulanten statt stationären Beziehungen stellt Städte vor fundamentale Herausforderungen. Von der Wohnraumplanung über die Verkehrsinfrastruktur bis hin zur Gestaltung öffentlicher Räume müssen alle Aspekte der Stadtentwicklung neu gedacht werden.

Diese Transformation bietet jedoch auch Chancen für innovativere, nachhaltigere und menschlichere Städte. Wenn es gelingt, die Bedürfnisse nach Flexibilität und Individualität mit den Anforderungen an Nachhaltigkeit und Gemeinschaft zu vereinen, können Städte entstehen, die sowohl den veränderten Lebensstilen als auch den ökologischen Herausforderungen des 21. Jahrhunderts gerecht werden.

Die Zukunft der Stadtplanung liegt nicht in der Bekämpfung des gesellschaftlichen Wandels, sondern in seiner intelligenten Gestaltung. Städte, die diese Aufgabe erfolgreich meistern, werden zu Vorbildern für eine neue Form des urbanen Zusammenlebens, in der individuelle Freiheit und kollektive Verantwortung in einem produktiven Spannungsverhältnis stehen.

## EPILOG: ZURÜCK ZUR VERBINDLICHKEIT?

Am Ende dieser Reise durch die Landschaft der modernen Beziehungslosigkeit stellt sich die fundamentale Frage: Können wir zurück zu mehr Verbindlichkeit finden, ohne dabei die positiven Errungenschaften der Individualisierung aufzugeben? Die Antwort ist komplex und vielschichtig, aber sie ist nicht hoffnungslos.

### Ist der Trend umkehrbar?

Die Entwicklung zur Beziehungslosigkeit ist nicht in Stein gemeißelt. Gesellschaftliche Trends können sich umkehren, wenn die Menschen erkennen, dass sie in eine Sackgasse führen. Die Geschichte zeigt viele Beispiele für solche Korrekturen – von der Rückbesinnung auf Nachhaltigkeit nach Jahrzehnten der Umweltzerstörung bis zur Neubewertung von Work-Life-Balance nach Perioden extremer Arbeitsfixierung.

Bereits heute sind erste Anzeichen für einen Wandel erkennbar. Die wachsende Diskussion über Einsamkeit als gesellschaftliches Problem, die Entstehung neuer Gemeinschaftsformen und die zunehmende Kritik an der Oberflächlichkeit digitaler Beziehungen zeigen, dass ein Bewusstsein für die Probleme entstanden ist. Bewusstsein ist der erste Schritt zur Veränderung.

Die junge Generation, die mit den Auswüchsen der Individualisierung aufgewachsen ist, beginnt teilweise umzudenken. Während ihre Eltern noch für die Befreiung von traditionellen Bindungen kämpften, sehnen sich viele junge Menschen wieder nach Stabilität und echter Verbindung. Sie haben die Kosten der absoluten Freiheit am eigenen Leib erfahren und suchen nach Alternativen.

Allerdings ist die Umkehrung des Trends nicht automatisch. Sie erfordert bewusste Entscheidungen auf individueller und gesellschaftlicher Ebene. Menschen müssen bereit sein, auf kurzfristige Vorteile der Unverbindlichkeit zu verzichten, um langfristige Vorteile der Bindung zu gewinnen. Gesellschaften müssen Strukturen schaffen, die Beziehungen fördern statt behindern.

Die technologischen und wirtschaftlichen Kräfte, die zur Individualisierung beigetragen haben, werden nicht verschwinden. Aber sie können durch bewusste Gestaltung in eine andere Richtung gelenkt werden. Technologie kann Beziehungen unterstützen statt ersetzen, wenn wir sie entsprechend entwickeln und nutzen.


**Vision einer neuen Beziehungskultur**

Die Zukunft liegt nicht in einer einfachen Rückkehr zu traditionellen Beziehungsformen, sondern in der Entwicklung einer neuen Beziehungskultur, die das Beste aus beiden Welten vereint. Diese neue Kultur würde die Freiheit und Gleichberechtigung der Moderne mit der Stabilität und Tiefe traditioneller Bindungen verbinden.

In dieser Vision wären Beziehungen bewusst gewählt, aber ernst genommen. Menschen würden nicht aus Zwang oder mangelnden Alternativen zusammenbleiben, sondern aus der bewussten Entscheidung heraus, dass ihre Verbindung wertvoll und schützenswert ist. Diese bewusste Wahl würde Beziehungen stärken statt schwächen.

Verbindlichkeit würde nicht als Einschränkung, sondern als Befreiung verstanden. Die Sicherheit einer stabilen Beziehung würde Menschen ermöglichen, sich zu entfalten und Risiken einzugehen, die sie allein nicht eingehen könnten. Verbindlichkeit würde als Sprungbrett für persönliches Wachstum dienen, nicht als Gefängnis.

Verschiedene Formen der Beziehung würden gleichberechtigt anerkannt – von der traditionellen Familie über Wahlverwandtschaften bis zu bewusst gewählten Gemeinschaften. Wichtig wäre nicht die spezifische Form, sondern die Qualität der Verbindung und die Bereitschaft zur gegenseitigen Fürsorge.

Geschlechterrollen wären flexibel und verhandelbar, aber nicht beliebig. Paare würden bewusst entscheiden, wer welche Aufgaben übernimmt, basierend auf Stärken, Interessen und Lebensumständen. Diese

Entscheidungen könnten sich im Laufe der Zeit ändern, aber sie würden mit Respekt und Verbindlichkeit getroffen.

Kinder würden wieder als gesellschaftlicher Wert verstanden, nicht nur als private Lifestyle-Entscheidung. Die Gesellschaft würde Strukturen schaffen, die Elternschaft unterstützen und die Kosten der Kindererziehung fair verteilen. Gleichzeitig würden Menschen ohne Kinder respektiert und in andere Formen der gesellschaftlichen Fürsorge eingebunden.


### Der Preis der absoluten Freiheit

Die Reise durch die moderne Beziehungslandschaft hat gezeigt, dass absolute Freiheit ihren Preis hat. Die Befreiung von traditionellen Bindungen hat vielen Menschen Möglichkeiten eröffnet, die frühere Generationen nicht hatten. Aber sie hat auch zu Vereinsamung, Unsicherheit und einer Verarmung der menschlichen Erfahrung geführt.

Der Preis der absoluten Freiheit zeigt sich in den steigenden Raten von Depression und Angststörungen, besonders bei jungen Menschen. Er zeigt sich in der Unfähigkeit vieler Menschen, dauerhafte Beziehungen aufzubauen oder sich auf langfristige Projekte einzulassen. Er zeigt sich in der wachsenden Einsamkeit trotz ständiger digitaler Vernetzung.

Paradoxerweise führt die Angst vor Einschränkung oft zu größeren Einschränkungen. Menschen, die sich nicht binden wollen, um ihre Optionen offenzuhalten, stellen oft fest, dass sie dadurch weniger Möglichkeiten haben, nicht mehr. Die Verweigerung von Verbindlichkeit schließt Erfahrungen aus, die nur durch langfristige Bindungen möglich sind.

Die absolute Freiheit erweist sich auch als Illusion. Menschen sind soziale Wesen und können nicht vollständig unabhängig leben. Die Verweigerung bewusster Bindungen führt nicht zur Unabhängigkeit, sondern zur Abhängigkeit von anonymen Märkten, staatlichen Institutionen oder technologischen Systemen.

Die Kosten der Beziehungslosigkeit werden oft externalisiert und sind deshalb nicht sofort sichtbar. Die gesellschaftlichen Kosten der Einsamkeit, der Kinderlosigkeit und der sozialen Fragmentierung werden von

allen getragen, auch von denen, die sich für die Beziehungslosigkeit entschieden haben.

## Ein realistischer Optimismus

Trotz aller Probleme und Herausforderungen gibt es Grund für einen vorsichtigen Optimismus. Menschen sind lernfähig, und Gesellschaften können sich anpassen. Die aktuellen Probleme sind nicht unlösbar, auch wenn ihre Lösung Zeit und Anstrengung erfordern wird.

Die experimentellen Gemeinschaftsformen, die überall entstehen, zeigen, dass neue Wege möglich sind. Von Cohousing-Projekten über Zeitbanken bis zu bewussten Dating-Bewegungen – überall entwickeln Menschen Alternativen zur atomisierten Gesellschaft. Diese Experimente sind klein, aber sie können als Modelle für größere Veränderungen dienen.

Die Technologie, die oft als Verursacher der Beziehungsprobleme gesehen wird, kann auch Teil der Lösung sein. Neue Anwendungen entstehen, die echte Verbindungen fördern statt oberflächliche Kontakte. Künstliche Intelligenz könnte dabei helfen, kompatible Menschen zusammenzubringen oder Beziehungskompetenzen zu entwickeln.

Die jüngeren Generationen wachsen mit einem Bewusstsein für die Probleme der Individualisierung auf. Sie können aus den Fehlern ihrer Eltern lernen und neue Synthesen entwickeln. Ihre natürliche Neugier und Experimentierfreude sind Hoffnungsträger für innovative Lösungen.

Die wissenschaftliche Forschung zu Beziehungen und Bindung macht ständige Fortschritte. Wir verstehen heute viel besser als frühere Generationen, was funktioniert und was nicht. Dieses Wissen kann genutzt werden, um bewusstere und erfolgreichere Beziehungen zu gestalten.

## Die Entscheidung liegt bei uns

Letztendlich liegt die Entscheidung bei uns allen. Jeder Einzelne kann bewusst entscheiden, ob er zu einer Kultur der Verbindlichkeit oder der

Beziehungslosigkeit beitragen möchte. Diese Entscheidungen mögen klein erscheinen, aber sie addieren sich zu gesellschaftlichen Trends.

Wir können entscheiden, ob wir oberflächliche digitale Kontakte oder tiefe persönliche Begegnungen bevorzugen. Wir können wählen zwischen der Bequemlichkeit der Unverbindlichkeit und der Herausforderung echter Nähe. Wir können uns für oder gegen die Übernahme von Verantwortung für andere Menschen entscheiden.

Die Gesellschaft kann entscheiden, ob sie Strukturen schafft, die Beziehungen fördern oder behindern. Sie kann wählen zwischen der Idealisierung des Einzelkämpfertums und der Wertschätzung von Gemeinschaft. Sie kann sich für oder gegen Investitionen in die sozialen Strukturen entscheiden, die Menschen zusammenhalten.

Politik und Wirtschaft können entscheiden, ob sie die Atomisierung der Gesellschaft vorantreiben oder aufhalten. Sie können zwischen kurzfristigen Profiten und langfristiger gesellschaftlicher Stabilität wählen. Sie können sich für oder gegen Maßnahmen entscheiden, die das Gemeinwohl fördern.

Die Frage "Zurück zur Verbindlichkeit?" ist nicht nur eine analytische, sondern auch eine normative. Sie fragt nicht nur, ob es möglich ist, sondern auch, ob es wünschenswert ist. Die Antwort darauf kann jeder nur für sich selbst geben.

Aber vielleicht ist das bereits ein wichtiger Erkenntnisgewinn: dass wir eine Wahl haben. Die Entwicklung zur Beziehungslosigkeit ist nicht unvermeidlich oder alternativlos. Sie ist das Ergebnis vieler einzelner Entscheidungen, und sie kann durch andere Entscheidungen verändert werden.

Die Zukunft der menschlichen Beziehungen liegt in unseren Händen. Wir können eine Gesellschaft schaffen, die sowohl die Freiheit des Individuums als auch die Verbundenheit der Gemeinschaft wertschätzt. Aber dafür müssen wir bereit sein, die bequeme Unverbindlichkeit aufzugeben und das Risiko echter Verbindung einzugehen.

Am Ende steht die Erkenntnis, dass Beziehungen – wie das Leben selbst – ein Wagnis sind. Sie bieten keine Garantien, aber sie bieten die Möglichkeit zu Erfahrungen, die durch nichts anderes ersetzt werden können. Die Frage ist nicht, ob wir dieses Wagnis eingehen müssen, sondern ob wir mutig genug sind, es einzugehen.

Die Reise zurück zur Verbindlichkeit hat bereits begonnen. Nicht als nostalgische Rückkehr zu überholten Mustern, sondern als mutiger Aufbruch zu neuen Formen des Zusammenlebens. Es ist eine Reise, die jeder für sich antreten muss, aber die wir nur gemeinsam erfolgreich beenden können.

## Entwicklung der 1-Personen-Haushalte in Deutschland (1950-2023)

| Jahr | Anteil 1-Personen-Haushalte | Anmerkungen |
|---|---|---|
| 1950 | 19,0% | Westdeutschland |
| 1972 | 26,2% | Westdeutschland (ohne Berlin) |
| 1987 | über 31,0% | Westdeutschland |
| 1991 | 33,6% | Deutschland gesamt |
| 2019 | 42,3% | Deutschland gesamt |
| 2022 | 41,0% | Deutschland gesamt |
| 2023 | 41,2% | Deutschland gesamt |

**Absolute Zahlen für 2023**

| Kennzahl | Wert |
|---|---|
| 1-Personen-Haushalte | 17,01 Millionen |
| Gesamtzahl Haushalte | 41,3 Millionen |
| Anteil | 41,2% |

**Zusätzliche historische Bezugspunkte**

- **1950**: Von 16,7 Millionen Haushalten waren 19% Einpersonenhaushalte
- **Mitte der 1970er Jahre**: Einpersonenhaushalte werden zum häufigsten Haushaltstyp
- **1991-2019**: Anstieg von 11,9 auf 17,6 Millionen Einpersonenhaushalte
- **Prognose 2040**: Anteil wird voraussichtlich auf 45,3% steigen


**Quellenhinweise**

- **Quelle**: Statistisches Bundesamt (Destatis), Mikrozensus
- **Methodische Hinweise**:
  - Bis 1991: Daten für Westdeutschland/früheres Bundesgebiet
  - Ab 1991: Gesamtdeutschland
  - Bezieht sich auf Privathaushalte am Hauptwohnsitz
  - Verschiedene methodische Anpassungen im Jahr 2005, 2011, 2016, 2020


Die Daten zeigen eine kontinuierliche und dramatische Entwicklung: **Der Anteil der 1-Personen-Haushalte hat sich in gut 70 Jahren mehr als verdoppelt** - von 19% (1950) auf über 41% (2023).

Zusammengefasste Geburtenziffer in Deutschland (1950-2023)

| Jahr | Kinder pro Frau | Anmerkungen |
| --- | --- | --- |
| Ende 19. Jh. | 4,7 | Historischer Vergleichswert |
| 1950er Jahre | ~2,5-2,6 | Schätzung basierend auf europäischem Durchschnitt |
| 1964 | 2,53 | Babyboom-Höhepunkt |
| Frühe 1970er | ~2,0 | Beginn des starken Rückgangs |
| Ab 1970er | ~1,4 | Westdeutschland, konstant niedriges Niveau |
| 1980 | 1,94 | DDR (durch Familienpolitik) |
| Mitte 1980er | unter 1,3 | Westdeutschland, Tiefstwert |
| 1990 | 1,45 | Westdeutschland vor Wiedervereinigung |
| 1994 | 1,24 | Niedrigster Wert nach Wiedervereinigung |
| 2000er | ~1,3-1,4 | Stabiles niedriges Niveau |
| 2011 | 1,39 | Vor dem Anstieg |
| 2016 | 1,59 | Höchster Wert seit den 1970ern |
| 2021 | ~1,54 | Corona-bedingter Anstieg |
| 2022 | 1,49 | Korrigiert nach Zensus 2022 |
| 2023 | 1,38 | Aktueller Wert |

**Wichtige Entwicklungsphasen**

### Babyboom (1950er-1960er Jahre)

- **Höhepunkt 1964**: 2,53 Kinder pro Frau
- Über 1,36 Millionen Geburten in einem Jahr
- Wirtschaftsaufschwung und Nachkriegseffekt

### "Pillenknick" (Ende 1960er-1970er Jahre)

- Dramatischer Rückgang von 2,5+ auf ~1,4
- Gesellschaftlicher Wandel und Verhütung
- **Seit 1972**: Mehr Sterbefälle als Geburten

### Stabile Tiefphase (1970er-2010er)

- Westdeutschland: konstant um 1,4
- DDR zeitweise höher (bis 1,94 in 1980)
- Nach Wiedervereinigung: Einbruch auf 1,24 (1994)

### Jüngste Entwicklung (2010er-2020er)

- 2011-2016: Anstieg auf 1,59
- 2017-2023: Wieder rückläufig auf 1,38
- Deutlich unter Bestandserhaltungsniveau (2,07)

**Kontext und Vergleichswerte**

- **Bestandserhaltungsniveau**: 2,07 Kinder pro Frau
- **EU-Durchschnitt 1960er**: ~2,5
- **EU-Durchschnitt 1990er**: ~1,5
- **Deutschland heute**: Unter EU-Durchschnitt

**Quellenhinweise**

- **Quelle**: Statistisches Bundesamt (Destatis), Bundesinstitut für Bevölkerungsforschung (BIB)
- **Methodik**: Zusammengefasste Geburtenziffer (Total Fertility Rate)
- **Definition**: Hypothetische Kinderzahl bei konstantem Geburtenverhalten aller Frauen 15-49 Jahre
- **Korrekturen**: 2022/2023 Werte nach Zensus 2022 korrigiert

**Die Daten zeigen eine dramatische Entwicklung: Von über 2,5 Kindern pro Frau in den 1960er Jahren auf unter 1,4 heute - ein Rückgang um fast die Hälfte in nur 60 Jahren.**

Entwicklung des Frauenanteils an deutschen Hochschulen (1911-2024)

**Anteil weiblicher Studierender in Prozent**

| Jahr | Frauenanteil | Anmerkungen/Kontext |
|---|---|---|
| 1907/08 | unter 1% | Beginn der offiziellen Zulassung von Frauen |
| 1911 | 4,9% | Deutsches Kaiserreich |
| 1914 | über 6% | Vor dem Ersten Weltkrieg |
| 1931 | 18,9% | **Weimarer Republik** - starker Anstieg |
| 1939 | unter 15% | **NS-Zeit** - Rückgang durch Ideologie |
| 1943/44 | 49% | Kriegsbedingt - Männer eingezogen |
| 1959 | 26% (BRD) / 27% (DDR) | **Nachkriegszeit** - langsamer Anstieg |
| 1970 | 31% (BRD) / 35% (DDR) | **Bildungsreformen der 1960er** |
| 1988 | 38,2% (BRD) | Bundesrepublik vor Wiedervereinigung |
| 1989 | 41% (DDR) | DDR vor Wiedervereinigung |
| 2000 | 46,1% | **Deutschland nach Wiedervereinigung** |

| Jahr | Frauenanteil | Anmerkungen/Kontext |
|---|---|---|
| **2021/22** | 50%+ | **Wendepunkt**: Erstmals mehr Frauen als Männer |
| **2023/24** | 50,9% | Aktuelle Entwicklung |
| **2024/25** | 51,1% | **Frauen in der Mehrheit** |

## Wichtige Wendepunkte und Entwicklungsphasen

### ⊙ Frühe Pionierphase (1900-1920er)

- **1900**: Offizielle Zulassung beginnt in deutschen Staaten
- **1907/08**: Unter 1% - erste "Avantgardistinnen"
- **1914**: 6% vor dem Ersten Weltkrieg

### 📈 Weimarer Aufbruch (1920er-1930er)

- **1931**: 18,9% - deutlicher gesellschaftlicher Wandel
- Öffnung für breitere Bevölkerungsschichten
- Starke Zunahme trotz gesellschaftlicher Widerstände

### 🪓 NS-Rückschlag (1933-1945)

- **Ideologie**: "Frauen gehören zu Heim und Familie"
- **1939**: Unter 15% - bewusste Beschränkung
- **1943/44**: 49% kriegsbedingt (Männer fehlen)

### 🔄 Nachkriegs-Neuaufbau (1945-1970er)

- **1959**: BRD/DDR ähnlich (26%/27%)
- **1970**: DDR leicht voraus (35% vs. 31%)
- Bildungsreformen fördern Frauenstudium

### 🚀 Kontinuierlicher Aufstieg (1970er-2020er)

- **1988**: 38,2% in der BRD
- **2000**: 46,1% im vereinten Deutschland
- **2021/22**: **Historischer Wendepunkt** - Frauen in der Mehrheit

### 👑 Frauen-Mehrheit (seit 2021)

- **Aktuell**: 51,1% Frauenanteil
- **Erstmals in der deutschen Universitätsgeschichte**

**Unterschiede BRD vs. DDR (1949-1989)**

| Aspekt | BRD | DDR |
| --- | --- | --- |
| **1959** | 26% | 27% |
| **1970** | 31% | 35% |
| **1989** | 38,2% | 41% |
| **Förderung** | Langsamer gesellschaftlicher Wandel | Aktive staatliche Förderung ab 1960er |
| **Fächer** | Konzentration auf Geistes-/Kulturwissenschaften | Stärkere Orientierung auf Technik/Naturwissenschaften |
| **Soziale Herkunft** | Weiterhin primär Bildungsbürgertum | Öffnung für Arbeiter-/Angestelltenfamilien |

## Historische Bedeutung

**Von 4,9% (1911) auf 51,1% (2024/25) = mehr als Verzehnfachung in 113 Jahren**

Diese Entwicklung spiegelt:
- Den Kampf um Gleichberechtigung
- Gesellschaftliche Modernisierung
- Veränderte Geschlechterrollen
- Wirtschaftlichen Wandel (Bedarf an qualifizierten Arbeitskräften)

## Quellenhinweise

- **Quellen**: Statistisches Bundesamt, Zeithistorische Forschungen, Bundeszentrale für politische Bildung
- **Methodische Hinweise**:
  - Daten für 1911-1945: Deutsches Reich
  - 1950er-1980er: Getrennte Zahlen BRD/DDR
  - Ab 1990: Deutschland gesamt
- **Definition**: Anteil weiblicher Studierender an Gesamtzahl aller Studierenden

Die Daten dokumentieren eine der bedeutendsten gesellschaftlichen Transformationen des 20./21. Jahrhunderts: Den Übergang von nahezu vollständigem Ausschluss der Frauen von Hochschulbildung zu ihrer heutigen Mehrheit.